W0174945

CHRISTA MÜLLER

Dein Kind will dich

Echte Wahlfreiheit durch Erziehungsgehalt

CHRISTA MÜLLER

Dein Kind will dich

Echte Wahlfreiheit
durch Erziehungsgehalt

SANKT
ULRICH
VERLAG
GmbH

Für meine Familie

Bibliographische Information der Deutschen Bibliothek

Die Deutsche Bibliothek verzeichnet diese Publikation in der Deutschen Nationalbibliographie; detaillierte bibliographische Daten sind im Internet über http://dnb.ddb.de abrufbar.

© 2007 by Sankt Ulrich Verlag GmbH, Augsburg
Alle Rechte vorbehalten
Umschlaggestaltung: uv media werbeagentur
Mediengruppe Sankt Ulrich Verlag, Augsburg
Titelbild: dpa
Druck und Bindung: Ludwig Auer GmbH, Donauwörth
Printed in Germany
ISBN 978-3-86744-014-1
www.sankt-ulrich-verlag.de

INHALT

VORWORT

Deutschland ist kinderfeindlich. Und am kinderfeindlichsten sind die deutschen Politiker, allen voran die Ministerin für Familie, Senioren, Frauen und Jugend Ursula von der Leyen.

Aber sie war es nicht, die damit begann, die Lebensbedingungen der Familien in unserem Lande systematisch zu verschlechtern. Die Ausbeutung der Familien setzte bereits Ende der fünfziger Jahre ein. Nach dem sogenannten Schreiberplan sollte bei der Konzipierung des Rentensystems berücksichtigt werden, ob und wie viele Kinder und damit zukünftige Beitragszahler ins Rentensystem die Erwerbstätigen haben. Schließlich zahlen wir beim Generationenvertrag mit unseren Beitragszahlungen die Rente unserer Eltern, während unsere eigene Versorgung im Alter dadurch sichergestellt werden muß, daß wir Kinder großziehen, und zwar im Durchschnitt zwei pro Elternpaar. Eine Staffelung der Beitragszahlungen nach Kinderzahl wurde vom damaligen Bundeskanzler Adenauer abgelehnt mit den Worten „Kinder kriegen die Leute immer".

Wie wir inzwischen wissen, bekommen sie aber viel zu wenig. Ein Grund dafür ist die finanzielle Ausbeutung der Familien durch das Rentensystem. Wie das ifo Institut in München berechnete, zahlen die Familien und ihre Kinder im Laufe ihres Lebens rund 77.000 Euro pro Kind mehr in das Steuer- und Sozialsystem als sie jemals wieder vom Staat zurückerhalten. Bei diesen Berechnungen sind alle staatlichen Transferleistungen an die Familien berücksichtigt. Dieser Sachverhalt bedeutet, daß in Deutschland Familien in beträchtlicher Höhe Kinderlose subventionieren. Das belegt auch ein Einkommensvergleich kinderloser Paare mit Familien. Während Paare ohne Kinder monatlich über ein Pro-Kopf-Einkommen von 1718 Euro verfügen, können Familien mit einem Kind lediglich 1155 Euro pro Person für sich beanspruchen und für Familien mit drei Kindern bleiben nur noch 893 Euro für jeden übrig. Kinderlose Paare können also pro Person fast doppelt soviel Geld ausgeben wie Familien mit mehreren Kindern.

Der zweite große Coup gegen die Familien setzte Anfang der achtziger Jahre ein, als der Arbeitsmarkt zunehmend flexibilisiert wurde. Abbau des Kündigungsschutzes, die Einführung von Zeitverträgen, Leiharbeit, Mini- und Niedriglohnjobs entzogen immer mehr Familien oder denjenigen, die eine Familie gründen wollten, die Existenzgrundlage. Die moderate Tarifpolitik tat ein übriges: Heute kann ein durchschnittlich verdienender Vater kaum noch eine Familie mit mehreren Kindern allein ernähren. Wer wundert sich, wenn sich Menschen in prekären Arbeitsverhältnissen, ungesichert und niedrig entlohnt, aus Verantwortungsgefühl nicht mehr dazu entschließen, Kinder in die Welt zu setzen?

Nun setzt Frau von der Leyen, unter dem Deckmantel einer modernen Familienpolitik, zum nächsten Schlag gegen die Familien an. Mit der Reform des Erziehungsgeldes nimmt die Familienministerin gerade den Durchschnittsverdienern und den armen Familien das Geld weg: Während die Oberstudienrätin 1800 Euro Elterngeld erhält, muß sich die Verkäuferin oder Angestellte mit ein paar Hundert Euro begnügen, und die Hartz IV-Empfängerin erhält sogar nur den Mindestbetrag von 300 Euro. Das Elterngeld für Besserverdienende wird finanziert, indem man die Bezugsdauer des bisherigen Erziehungsgeldes von drei auf ein Jahr kürzt, was insbesondere einkommensschwache Familien trifft. Erst nimmt man den armen Familien das Geld weg, dann gibt man eine Pressekonferenz zum Thema Kinderarmut.

Aber nicht nur Geld, auch Zeit zur eigenen Betreuung des Kindes wird den Eltern genommen: Das Elterngeld wird nur ein Jahr gezahlt. In ärmeren Familien sind dann die Mütter gezwungen, nach einem Babyjahr wieder arbeiten zu gehen, weil das Gehalt des Vaters nicht für die ganze Familie ausreicht. Durchschnittsverdienern und sozial schwachen Familien wird damit die Möglichkeit genommen, sich in den ersten Lebensjahren selbst um ihre Kinder zu kümmern.

Auch bei der Kinderbetreuung orientiert sich die Familienministerin nicht an den Bedürfnissen der Familien, vor allem nicht an denen der Kinder. Obwohl die Krippenerziehung nachweislich

Risiken für die gesunde Entwicklung der Kinder in sich birgt, ist keine Rede davon, ab welchem Alter und wie viele Tage pro Woche und für wie viele Stunden pro Tag es aus Sicht der Kinder gut ist, in der Krippe betreut zu werden. Die Regierung spricht nicht darüber, wie die Krippen ausgestattet sein müssen, damit es den Kindern dort gut geht und die Eltern sie dort mit gutem Gewissen betreuen lassen können.

Mit dieser Politik wird den Familien nicht geholfen. Sie dient anderen Interessen. Durch die Schaffung eines Überangebotes an Krippenplätzen – bis 2013 sind insgesamt 750.000 Plätze geplant (das entspricht einer Versorgungsquote der Ein- bis Dreijährigen von 60 Prozent) – sollen Hunderttausende von Müttern kleiner Kinder dem Arbeitsmarkt zugeführt werden. Ziel dieser Strategie ist, einem möglichen Fachkräftemangel in der Wirtschaft vorzubeugen. Werden genug Frauen für den Arbeitsmarkt aktiviert, müssen auch in Zukunft die Löhne nicht steigen. Deutschland bleibt Exportweltmeister, die Unternehmen machen den Profit.

Deshalb muß es auch nicht erstaunen, wenn Initiativen, die auf eine bessere Vereinbarkeit von Familie und Beruf abzielen, von Familienministerinnen und Vertretern der deutschen Wirtschaft vorgestellt werden. Das war schon bei der SPD-Ministerin Renate Schmidt der Fall, als sie mit Arbeitgeberpräsident Hundt und dem arbeitgebernahen Institut der deutschen Wirtschaft das Strategiepapier „Bevölkerungsorientierte Familienpolitik – ein Wachstumsfaktor" vorstellte. Das ist auch bei Frau von der Leyen so, die ihr Buch „Familie gewinnt" mit einer Unternehmerin, und zwar Liz Mohn vom Bertelsmann-Verlag, präsentierte und mit dem EU-Kommissar für Unternehmen und Industriepolitik eine Studie des Kölner Arbeitgeberinstitutes (IW). Auf der gemeinsamen Pressekonferenz stellte Ursula von der Leyen befriedigt fest, daß eine nachhaltige Familienpolitik das Wirtschaftswachstum um 0,5 Prozentpunkte steigern könne und sich eine gute Familienpolitik positiv auf die Konjunktur auswirke. Wenn Familie und Beruf besser vereinbar wären, würde auch der Arbeitsmarkt gestärkt. Davon profitierten Unternehmen, weil sie besser qualifizierte Arbeitskräfte bekämen. Industriekommissar Verheugen warnte unterdessen im Interesse der Wirtschaft davor, die Unternehmen durch rechtliche Vorgaben zu mehr Familienfreundlichkeit bewegen zu wollen. Man errät, worauf die neoliberale Familienpolitik hinausläuft: Es geht darum, die Familien nun endgültig den Globalisierungserfordernissen zu unterwerfen, selbst wenn man sie dabei zerstört.

Das darf nicht geschehen. Was nützt uns unser Wohlstand, wenn immer mehr Familien aus finanziellen Gründen weniger Kinder bekommen, als sie gerne hätten, oder sogar gänzlich auf Kinder verzichten? Was nützt uns der Erfolg der deutschen Wirtschaft, wenn immer mehr Kinder in Armut leben und ihre Familien mit ihnen? Was nützt der ganze materielle Konsum, wenn Väter und Mütter immer weniger Zeit für ihre Kinder haben, weil beide Elternteile den Familienunterhalt sichern müssen?

Wir brauchen eine Veränderung in unserem Denken. Sogar der Säulenheilige der christdemokratischen Partei, Ludwig Erhard, wies in den fünfziger Jahren als Wirtschaftsminister (!) immer wieder darauf hin, daß die Wirtschaft den Menschen zu dienen habe und nicht umgekehrt. Das Wohl aller Menschen in Deutschland muß wieder in den Mittelpunkt des politischen Handelns rücken. In der Familienpolitik geht es darum, das Wohl der Kinder zu sichern, ihr Bedürfnis nach Sicherheit, Schutz, Geborgenheit und Liebe in der Familie, und dies in Einklang zu bringen mit den Wünschen und Bedürfnissen ihrer Eltern und ihrer Umgebung. Die Wirtschaft hat sich diesen Erfordernissen anzupassen, gegebenenfalls auch zu unterwerfen. Wenn wir, die Bevölkerung dieses Landes, jetzt sogar akzeptieren, daß die hilfebedürftigsten und schützenswertesten Mitglieder unserer Gesellschaft, die Babys und Kleinkinder, angeblichen ökonomischen Notwendigkeiten unterworfen werden, indem sie zu früh, zu oft und zu lange in institutionelle Betreuungseinrichtungen gegeben werden sollen, dann haben wir endgültig vor der Wirtschaft kapituliert.

1 Mehr Kinder? Unbedingt – aber welche?

Das Thema Familie wird in den letzten Jahren vor allem unter dem Gesichtspunkt niedriger Geburtenraten diskutiert. Dabei steht die Befürchtung im Vordergrund, daß der Generationenvertrag in der Rentenversicherung langfristig nicht mehr funktionieren kann, weil er darauf aufbaut, daß im Durchschnitt jede Frau zirka zwei Kinder zur Welt bringt, die im Erwachsenenalter Beiträge in die Rentenversicherung einzahlen können. Bei der derzeitigen Geburtenrate von 1,3 Kindern würde sich der gängigen Argumentation zufolge die Zahl der Beitragszahler, die einen Ruheständler finanzieren, so drastisch vermindern, daß das Rentensystem heutiger Prägung nicht mehr zu finanzieren wäre. Nachdem Berechnungen bewiesen haben, daß sich das Problem auch nicht über zusätzliche Einwanderung lösen läßt, scheint die Erhöhung der Geburtenrate unausweichlich zu sein.

So erfreulich es ist, daß die Politiker in Deutschland langfristig vorausschauen, so bedauerlich ist die Einseitigkeit der Bevölkerungsdebatte. Denn bei der demographischen Entwicklung handelt es sich um eine Größe, die sich in vielfältiger Weise auf die Lebensbedingungen der Menschen eines Landes auswirkt, nicht nur auf die Rente. Deshalb sollte in unserer Gesellschaft eine grundsätzlichere Diskussion darüber stattfinden, ob es wünschenswert ist, daß die Bevölkerungszahl in Deutschland zunimmt, stagniert oder vielleicht sogar abnimmt.

Daß die Deutschen heutzutage weniger Kinder bekommen und sich sogar weniger wünschen als notwendig wäre, halte ich persönlich für eine ziemlich „gesunde" Reaktion auf die Verhältnisse in unserem Land bzw. auf unserem Planeten. Weltweit kämpfen wir ja schließlich seit Jahren gegen eine demographische Explosion – das herausragende Beispiel dafür ist die Ein-Kind-Politik Chinas – und freuen uns, daß die verheerenden Voraussagen bezüglich der Zunahme der weltweiten Bevölkerungszahlen jetzt langsam nach unten korrigiert werden können. Warum sollten wir uns in unserem Lande für eine Bevölkerungszunahme aussprechen, wissend, daß die Grenzen der ökologischen Belastbarkeit unseres Planeten doch immer näher rücken?

Wir haben uns einen ressourcenverschlingenden Lebensstil angewöhnt. Nicht nur, daß wir die Umwelt langfristig mit unseren Abgasen und unserem Müll belasten und schädigen, wir plündern auch die Rohstoff- und Energievorräte unseres Planeten. Statt über eine zu hohe Staatsverschuldung und zu hohe Rentenbeiträge sollten wir beim Thema Generationengerechtigkeit deshalb besser einmal diskutieren, wie sich die Klimaveränderung und andere Umweltkatastrophen abwenden lassen und wie die Energieversorgung für nachfolgende Generationen gesichert und die ausreichende Versorgung mit wichtigen Rohstoffen gewährleistet werden können. Und in diesem Zusammenhang spielt es schon eine Rolle, ob eine Bevölkerung von 80 Millionen Menschen zu versorgen ist oder nur die Hälfte.

Aber unser Lebensstil belastet nicht nur zukünftige Generationen. Wir selbst leiden ja heute schon unter zuviel Lärm, Schmutz, der Zersiedelung der Landschaft, dem Mangel an intakter Natur. Damit wir ausreichend ernährt werden, müssen Pflanzen gedüngt und gespritzt oder sogar gentechnisch verändert, müssen Tiere in Massen gehalten und mehr oder minder gequält werden. Insbesondere in den Großstädten und Ballungsgebieten ist das Leben oft nicht mehr menschengerecht und noch weniger kindgerecht. Entspringt es dann nicht einem gesunden Impuls, wenn die Menschen unter diesen Umständen ihrem natürlichen Trieb, sich fortzupflanzen, immer weniger nachgeben?

Bei Tierversuchen hat man festgestellt, daß eine zunehmende Population in einem beschränkten Lebensraum zunächst dazu führt, daß die Unfruchtbarkeit der Tiere zunimmt. Bei weiter ansteigender Population nimmt die Aggression unter den Tieren so sehr zu, daß sie sogar zur Tötung der Artgenossen (Krieg?) führt. Wahrscheinlich liegt es auch in der Natur der Menschen, sich nicht unbegrenzt zu vermehren, sondern an einem bestimmten Punkt auf die Bremse zu treten. Und dieser Zeitpunkt scheint nicht nur in Deutschland, sondern auch in Europa gekommen zu sein. Denn europaweit liegt die Geburtenrate 30 Prozent unter dem für den vollständigen Generationenersatz notwendigen Niveau.

Bei einem Rückgang der Bevölkerung lassen sich durchaus beträchtliche Chancen entdecken, die Lebensqualität der Bürger zu erhöhen. Es kommt nur darauf an, daß man sich nicht vom Ausbluten ganzer Städte und Regionen überraschen läßt, während in anderen Teilen des Landes die Zentren und Ballungsgebiete weiter wachsen, so daß das regionale Wohlstandsgefälle zunimmt. Deshalb sollte rechtzeitig darauf hingewirkt werden, daß Großstädte und ihre Ballungsräume nicht mehr ausgeweitet werden. Städte mit abnehmender Bevölkerung könnten so zurückgebaut werden, daß mehr Raum für die Menschen entsteht. Dann könnte es auch wieder für Familien attraktiv sein, in die Stadt zu ziehen. Das Häuschen auf dem Lande könnte dem in der Stadt weichen, Geschäfte von der grünen Wiese in die City zurückgeholt werden, Grünflächen und Parks, Sportplätze und Sporthallen sowie andere raumintensive Freizeiteinrichtungen die Stadt als Lebensraum neu erschließen. Arbeiten und Leben könnten wieder zusammengeführt werden. Das wäre ökologisch sinnvoll, würde Zeit und Kosten sparen und das tägliche Leben für viele Menschen vereinfachen und verbessern.

Aber ist ein Rückgang der Bevölkerung ökonomisch verkraftbar? Tatsächlich trägt ein demographischer Aufwärtstrend oft dazu bei, daß die Wirtschaft stärker wächst. In den USA etwa haben Ökonomen berechnet, daß sich von dem jährlichen Wachstum in Höhe von rund drei Prozent ungefähr einem Prozent auf die Zunahme der Bevölkerungszahl zurückführen läßt. Aber: Auch eine stagnierende Bevölkerung schließt wirtschaftliches Wachstum keineswegs aus.

Schwierig oder sogar unmöglich dürfte es allerdings sein, die Wirtschaft in Schwung zu halten, wenn die Bevölkerung in einer Geschwindigkeit abnimmt, wie es für Deutschland prognostiziert wird (nach jüngsten Berechnungen des Statistischen Bundesamtes wird bis 2050 eine Abnahme der Bevölkerung von heute 82,4 Millionen auf 68,7 bis 74,0 Millionen prognostiziert). Der Preisverfall vieler Vermögensgegenstände wie Grundstücke, Immobilien, Aktien, Wertpapiere oder Kunstgegenstände könnte so beträchtlich sein, daß dem wirtschaftspolitisch nichts ausreichend entgegengesetzt werden kann. Eine Rezession oder sogar Depression dürfte dann unvermeidlich sein. Nach Berechnungen des Instituts der deutschen Wirtschaft in Köln wird dieser Bevölkerungsschwund dramatische Auswirkungen für die Wirtschaftskraft unseres Landes haben. Der amerikanische Ökonom und Gewinner des Nobel-Gedächtnispreises für Wirtschaftswissenschaften 2006 Edmund Phleps bezeichnet es gar als Wunder, daß es vor dem Hintergrund der sehr beängstigenden demographischen Entwicklung in Deutschland heute überhaupt noch Investitionen gibt (FAZ vom 8.12.2006).

Hinsichtlich der Funktionsfähigkeit der Sozialsysteme, das heißt vor allem des Generationenvertrags in der Rentenversicherung und des Gesundheitssystems, entstehen die Probleme weniger aufgrund des Rückgangs als vielmehr wegen der damit verbundenen Alterung der Bevölkerung.

Aber wenn insbesondere die qualifizierten Arbeitskräfte bis zum normalen Renteneintrittsalter, das heißt bis zum Alter von 65 Jahren, im Erwerbsleben bleiben und die nachwachsenden Generationen aufgrund ihres hohen Bildungsniveaus und guten beruflichen Qualifikation die Produktivität der Wirtschaft weiter erhöhen, ist dieses Problem lösbar.

Insbesondere für weniger qualifizierte Arbeitskräfte wird es auch in Zukunft immer noch zu wenige Jobs geben. Dagegen könnte es bei den hochqualifizierten Erwerbstätigen zu Engpässen kommen. Das würde sich negativ auf unseren Wohlstand auswirken und muß deshalb verhindert werden. In diesem Zusammenhang stellen sich bevölkerungs- bzw. arbeitsmarktpolitisch drei Fragen. Erstens: Kann ein eventuell auftretender Fachkräftemangel durch Einwanderung aufgefangen werden? Zweitens: Kann die Lücke durch eine höhere Erwerbsquote der Frauen geschlossen werden? Und drittens: Müssen wir die Geburtenrate steigern, um dieses Problem zu lösen?

Hinsichtlich der bisherigen Einwanderung läßt sich feststellen, daß 90 Prozent der Migranten schlecht ausgebildet sind – so Herwig Birg in seiner Publikation „Migration und Geburtendefizit". Ihre Arbeitslosenquote liegt deshalb auch erheblich über der deutscher Erwerbsfähiger. Verändert sich die Struktur der Migranten nicht, werden sie in Zukunft das Problem der Arbeitslosigkeit geringqualifizierter Erwerbsfähiger weiter erhöhen, ohne die Frage des Fachkräftemangels zu lösen. Deshalb wurde in den vergangenen Jahren insbesondere von seiten der deutschen Wirtschaft die Forderung laut, hochqualifizierte Arbeitnehmer mit der Greencard ins Land zu locken, was in der Folge auch geschah. Diese Strategie halte ich für riskant und unmoralisch zugleich.

Riskant, weil wir möglicherweise keine ausreichende Zahl hochqualifizierter Arbeitskräfte in unser Land locken können, denn wir konkurrieren ja mit allen anderen Industrieländern um die besten Köpfe. Riskant auch, weil eine erhöhte Einwanderung die Integrationsfähigkeit unseres Landes überstrapazieren könnte. Schließlich nimmt Deutschland schon seit Jahren mehr Zuwanderer auf als die Länder, die wir gemeinhin als Einwanderungsländer bezeichnen: In den achtziger Jahren kamen, bezogen auf 100.000 Einwohner, in die USA jährlich 245, nach Kanada 479, nach Australien 694 und nach Deutschland (alte Bundesländer) 1022 (!) Migranten, eine Zahl, die sich danach nicht wesentlich verringert hat. Da heute schon eine ganze Reihe von europäischen Ländern mit erheblichen Problemen bei der Integration der zugewanderten Bevölkerung kämpft, wie zum Beispiel Frankreich oder die Niederlande, muß man sich die Frage stellen, ob eine vorausschauende Politik die Einwanderung nicht stärker begrenzen sollte, um zukünftige Schwierigkeiten zu vermeiden. Schließlich ist es uns bislang nur unzureichend gelungen, diese Migranten in den Arbeitsmarkt zu integrieren. Das geht auch zu Lasten der deutschen Arbeitnehmer, denn, wie der Ökonom Thomas von der Vring in einer Analyse feststellt, wurde die Massenarbeitslosigkeit in Deutschland wesentlich durch die hohe Zuwanderung in den neunziger Jahren verursacht.

Unmoralisch scheint mir die Akquisition qualifizierter Arbeitskräfte aus dem Ausland, weil viele Herkunftsländer auf intelligente und gut ausgebildete Arbeitskräfte angewiesen sind, um ihr Land zu entwickeln. Insbesondere wenn Deutschland Hochschulabsolventen aus Entwicklungs- und Schwellenländern abzieht, kommt das der Ausbeutung dieser Länder gleich. Diese investieren ihre knappen Mittel in die Ausbildung ihrer Intelligenz, und wir locken sie dann mit höheren Gehältern in unser reiches Land. Das ist auch mit Entwicklungshilfe nicht wiedergutzumachen. Möglichst viele Einwanderer in unser Land zu lassen, scheint mir diesen Menschen gegenüber auch keine soziale Tat zu sein, politisch Verfolgte einmal ausgenommen. Die meisten kommen ja aus wirtschaftlichen Gründen in unser Land, und nicht, weil ihnen das Leben in der Bundesrepublik so gut gefällt. Sie würden oft lieber in ihrem Heimatland bleiben, wenn sie wüßten, wovon sie dort leben könnten. Ihnen und ihren Familien wäre viel mehr geholfen, würden wir die Entwicklung ihrer Länder stärker fördern.

Wie sieht es nun damit aus, die „bevorstehende demographische Krise" und einen eventuell auftretenden Fachkräftemangel dadurch zu vermeiden, daß die Frauenerwerbsquote erhöht wird?

Langfristig gesehen könnte es tatsächlich notwendig werden, die Frauen stärker in den Erwerbsprozeß zu integrieren. Heute ist es aber noch nicht absehbar, daß Fachkräfte in einem Ausmaß fehlen, das die Leistungsfähigkeit unserer Wirtschaft wesentlich einschränkt. Trotzdem versucht die deutsche Regierung in Zusammenarbeit mit der Wirtschaft bereits jetzt, die Erwerbstätigenquote von Frauen zu erhöhen. Vor allem mehr Mütter von Kleinkindern könnten ihrem Beruf nachgehen, wenn es entsprechende Betreuungsmöglichkeiten für ihre Kinder gäbe. Deshalb sollen die Plätze für die ganztägige Betreuung der Kinder ausgeweitet, die steuerliche Abzugsfähigkeit von Betreuungskosten verbessert und mehr Ganztagsschulen eingerichtet werden. Soweit man damit versucht, den Frauen in ihren Wünschen und Bedürfnissen entgegenzukommen und ihnen zu helfen, das tägliche Leben leichter zu meistern, sind diese Maßnahmen zu befürworten.

Ich habe jedoch Bedenken, was den gesellschaftspolitischen Aspekt anbetrifft. Die Erwerbsquote von Frauen zu steigern, insbesondere von jungen Müttern, während man parallel Mittfünfziger in den Vorruhestand schickt und über 45- bis 50jährige Arbeitslose keine Chance mehr haben, einen Job zu finden, scheint mir doch mehr als fraglich. Wir zwingen mit Hartz IV die Menschen dazu, berufstätig zu sein, gleichzeitig können wir ihnen aber keine Arbeitsplätze anbieten. Wir verbessern zunehmend die Bedingungen für Frauen, Beruf und Familie zu vereinbaren. Aber können wir denn diesen potentiell Millionen von Müttern auch die entsprechenden Jobs anbieten? Ich sehe das nicht. Das läuft doch dann nur wieder darauf hinaus, daß ältere Frauen und Männer vorzeitig aus dem Erwerbsleben hinausgedrängt werden und bereits arbeitslose Männer und Frauen noch weniger Aussichten haben, eine Stelle zu finden. Das alles führt nicht zu einer Entlastung der Sozialsysteme, sondern bewirkt eher das Gegenteil.

Nun zu der Frage, ob eine höhere Geburtenrate notwendig ist, damit auch langfristig ausreichend qualifizierte und hochqualifizierte Fachkräfte die hohe Produktivität der deutschen Wirtschaft sichern. Eine Steigerung der Geburtenrate ist notwendig, löst allein das Problem aber nicht. Sie könnte sogar kontraproduktiv sein. Nämlich dann, wenn lediglich die Zahl der Kinder erhöht wird, die Betreuung und Förderung des einzelnen Kindes jedoch nachläßt. Dann könnte es sein, daß die zukünftigen Generationen weniger gebildet und weniger qualifiziert sind als heute. Ein abnehmender Trend ist bei der schulischen und beruflichen Bildung schon heute erkennbar. Dann wären zukünftige Arbeitskräfte weniger produktiv, das Pro-Kopf-Einkommen würde sich verringern, der Wohlstand sinken.

Es kommt also nicht nur darauf an, daß mehr Kinder geboren werden. Vielmehr darf nicht unberücksichtigt bleiben, was aus diesen Kindern wird. Werden sie sich in den Produktionsprozeß integrieren können? Werden sie in der Lage sein, ihr privates und das gemeinschaftliche Leben in zufriedenstellender Weise zu gestalten? Kindheit und Jugend sollen es den Heranwachsenden ermöglichen, körperlich gesunde, seelisch intakte und geistig leistungsfähige Mitglieder der Gesellschaft zu werden. Nur dann sind sie in der Lage, Wohlstand zu erarbeiten und gleichzeitig ihr persönliches Glück zu finden.

2 ES GIBT NOCH VIEL ZU VIELE KINDER!

In der familienpolitischen Diskussion scheint es nach wie vor kein wichtigeres Thema zu geben als die Frage, wie sich die Geburtenrate in Deutschland steigern läßt. Aber gemessen daran, wie gut es einem Kind in einem reichen Land wie Deutschland gehen sollte, gibt es in unserem Wohlfahrtsstaat noch viel zu viele Jungen und Mädchen, denen es schlecht geht. Obwohl wir ab und zu durch Horrormeldungen über das Schicksal einzelner Kinder wachgerüttelt werden, verweigert der deutsche Staat diesen Kindern auch noch heute seinen Schutz und seine Hilfe.

Erschreckend war der Fall des kleinen Dennis aus Cottbus, der von seinen Eltern erst mißhandelt wurde, bevor sie ihn verhungern ließen. Jahrelang versteckte die Mutter die Leiche des sechsjährigen Jungen in einem Bettkasten, dann in einer Kühltruhe. Erst drei Jahre nach seinem Tod wurden die Überreste des Kindes entdeckt. Die Schulbehörde hatte die Mutter mit fadenscheinigen Gründen abgewimmelt.

Als bekannt wurde, daß Jessica, ein siebenjähriges Mädchen aus Hamburg, entsetzlich leiden mußte, bevor auch sie dem Hungertod erlag, war die deutsche Öffentlichkeit wieder einmal erschüttert. Aber obwohl Dennis und Jessica keine Einzelfälle von Kindesmißhandlungen sind, die zum Tode führen, gibt es immer noch keine ausreichenden Bemühungen des deutschen Staates, diese Verbrechen an unschuldigen kleinen Wesen zu verhindern.

Als Vorsitzende von (I)NTACT habe ich die bittere Erfahrung gemacht, daß es in Deutschland angesichts eines Verdachts auf Genitalverstümmelung oder sexuellen Mißbrauch nicht möglich war, das betroffene Mädchen körperlich untersuchen zu lassen, weil die Eltern dazu ihre Einwilligung verweigerten. In einem konkreten Fall, der sich vor wenigen Jahren ereignete, teilten sowohl der ermittelnde Polizeibeamte wie auch die zuständige Staatsanwältin meine Vermutung, daß das Kind wahrscheinlich

18

entweder sexuell verstümmelt oder mißbraucht worden war. Sie sahen jedoch unter Zugrundelegung des Vernehmungsprotokolls des Mädchens – es hatte gesagt, daß ihm nichts zugefügt worden war – und hinsichtlich der geltenden Rechtslage keine Möglichkeit, sein Schicksal weiter zu verfolgen.

Die Statistik bestätigt meine Erfahrungen. Von den im Jahr 2004 erfaßten Kindesmißhandlungen kam es nur in 13 Prozent der Fälle zu einer Verurteilung des Täters. Zu schwierig gestaltet sich der Nachweis eines Vergehens, wenn es im Verborgenen stattfindet und sich die Beschuldigten und ihre Mitwisser gemeinsam gegen die Aufdeckung ihres Verbrechens wehren.

Dabei ist seit langem bekannt, daß in Deutschland jährlich eine große Zahl von Kindern mißhandelt wird, meist innerhalb der Familie oder im nahen sozialen Umfeld. Die Tatbestände reichen von Vergewaltigung und sexuellem Mißbrauch bis zu schwerer körperlicher Mißhandlung und seelischer Grausamkeit; Täter sind zumeist Väter, Stiefväter, Brüder, andere männliche Verwandte oder der neue Freund oder Lebensgefährte der Mutter. Zunehmend ans Tageslicht kommen aber auch Fälle von schlimmer Verwahrlosung durch Vernachlässigung. Der Tod des betroffenen Kindes scheint dabei keineswegs die Ausnahme zu sein. Extreme Verwahrlosung äußert sich darin, daß Eltern – wie zum Beispiel die der zweijährigen Michelle aus Hamburg – ihre Kinder in einer vermüllten und verkoteten Wohnung aufwachsen lassen, ohne Licht und ohne regelmäßiges Essen. Michelle starb mit zwei Jahren an einem Hirnödem, mit verkrüppelten Füßen, unfähig zu sprechen.

2004 wurden 15.255 Fälle sexuellen Mißbrauchs von Kindern und 1807 Fälle sexuellen Mißbrauchs von Schutzbefohlenen erfaßt. Das Kriminologische Forschungsinstitut in Niedersachsen ist zu dem Ergebnis gekommen, daß man beim sexuellen Kindesmißbrauch von einer Dunkelfeldrelation von eins zu zehn ausgehen kann. Auf das Jahr 2004 bezogen bedeutet das, daß rund 170.000 Mädchen und Jungen sexuell mißbraucht worden sind.

Die Zahl der gemeldeten Kindesmißhandlungen belief sich laut polizeilicher Kriminalstatistik 2004 auf 2916 Fälle – und ist stark ansteigend. Vernachlässigt wurden in demselben Jahr 1170 Kinder. Für den Deutschen Kinderschutzbund sind die gemeldeten

Fälle von Kindesmißhandlungen nur die Spitze des Eisberges. Und dies bestätigen auch die Analysen des Kriminologischen Forschungsinstituts in Niedersachsen (KFN). Demnach ist von einer Relation der polizeilich erfaßten zu den nicht erfaßten elterlichen physischen Kindesmißhandlungen in einer Größenordnung von mindestens 1:200 auszugehen. 2004 wären dann rund 583.000 Mädchen und Jungen mißhandelt worden. Wenn man im Fall der Vernachlässigung von Kindern von einer vergleichbaren Dunkelrelation ausgeht, wofür einiges spricht, wären 2004 rund 234.000 Kinder vernachlässigt worden. Insgesamt würden sich die Fälle, in denen Kinder 2004 sexuell und/oder körperlich mißbraucht oder vernachlässigt wurden, dann auf 987.000 (!) Jungen und Mädchen summieren.

Vom sexuellen Mißbrauch sind die Mädchen weit überproportional betroffen (die Opferrate liegt bei 8,6 Prozent, gegenüber 2,8 Prozent bei den Jungen), während Jungen mit 11,8 Prozent bei der körperlichen Mißhandlung vor den Mädchen liegen (9,9 Prozent). Kinder, die sexuell mißbraucht werden, sind außerdem auch häufig physischer elterlicher Gewalt ausgesetzt und umgekehrt.

Wie die hohen Dunkelziffern nahelegen, wird nur ein geringer Teil dieser Verbrechen an kleinen, wehrlosen Kindern aufgedeckt. Daß staatliches Versagen dabei eine Rolle spielt, beweisen folgende Statistiken: Während in Berlin 398 Fälle von Kindesmißhandlung und 255 Fälle von Vernachlässigung erfaßt wurden, waren es beispielsweise in Frankfurt am Main drei (!) Kindesmißhandlungen und null (!) Fälle von Vernachlässigung. Nicht wesentlich anders sah es in Hamburg, Köln, Düsseldorf und München aus, wo insgesamt nur 135 Kindesmißhandlungen und 50 Vernachlässigungen festgestellt wurden. Daß Berlin die Statistik mit großem Abstand anführt, liegt keineswegs am besonders kinderfeindlichen Verhalten der Berliner Bevölkerung, sondern ist darauf zurückzuführen, daß sich die Hauptstadt als einziges Bundesland eine spezielle Ermittlungsgruppe im Kampf gegen Kindesmißhandlung leistet. Das heißt: In Berlin wird intensiv ermittelt und wenigstens zum Teil ein Dunkelfeld aufgehellt, das in anderen Städten und Regionen unbeleuchtet bleibt.

Ein stärkeres Engagement der Polizei würde also weiterhelfen. Eine weitgehende Aufdeckung der Verbrechen scheitert aber wahrscheinlich an der Tatsache, daß die Sicherheits- und Ordnungskräfte dabei meist auf Hinweise aus der Bevölkerung angewiesen sind.

Da die Opfer eher kleinere als größere Kinder sind, können sie sich besonders schlecht wehren und bemerkbar machen. Zudem schotten sich gewalttätige Familien häufig von ihrer Nachbarschaft ab, so daß ihre Umgebung kaum auf Vernachlässigung und Mißhandlung aufmerksam werden kann. Es existiert auch eine große Unwissenheit über die Symptome von Gewalt und Verwahrlosung, die zwar wahrgenommen, aber nicht als Mißhandlung interpretiert werden. Wenn ein Kind Verletzungen hat, kann es gefallen sein, wenn es zu dünn ist, ist es vielleicht einfach ein schlechter Esser, und wenn es häufig übermüdet ist, könnte es ja auch daran liegen, daß es ein „Nachtmensch" ist.

Wenn wir die Mißhandlung von Kindern verhindern wollen, müssen wir alle zunächst einmal lernen, die körperlichen, geistigen und seelischen Anzeichen dafür bei den Kindern wahrzunehmen, um dann dagegen vorzugehen. Kürzlich berichtete mir eine Freundin, daß in der Klasse ihres neunjährigen Sohnes ein Mitschüler immer ohne Frühstück in die Schule kam, im Winter ganz leichte Kleidung und Sandalen trug und insgesamt auf mehrere Mütter den Eindruck starker Vernachlässigung machte. Sie informierten zusammen mit dem Lehrer das Jugendamt. Dieses meldete sich bei der Familie des Jungen an und stattete ihr eine Woche darauf einen Besuch ab. Natürlich war jetzt die Wohnung aufgeräumt und sauber, die Kinder gewaschen und ordentlich angezogen, und die nach Aussagen der Nachbarn offenbar drogenabhängige Mutter zeigte sich besorgt. Das Jugendamt sah keinerlei Veranlassung zu der Annahme, daß die Kinder in dieser Familie vernachlässigt werden. Das zeigt: In begründeten Verdachtsfällen müssen Hausbesuche unangemeldet sein.

Bei den geschilderten Verstößen gegen das Gebot der Pflege und Fürsorge unserer Kinder handelt es sich natürlich um Extremfälle. Daneben sind aber auch zunehmend leichtere Fälle der Verwahrlosung und Verwilderung von Kindern zu beobachten.

21

Wenn Kinder eine Woche lang dieselbe Unterwäsche tragen, in der Schule zum Essen nur ein trockenes Brötchen dabeihaben, im Alter von acht Jahren noch nicht fahrradfahren und auch nicht schwimmen können, ja nicht einmal ans Wasser gewöhnt sind, dann handelt es sich auch um eine Form der Vernachlässigung – zwar eine moderate, aber doch schmerzhafte für das betroffene Kind und – sofern die Lehrer bereit sind, die Defizite auszugleichen – auch teure für die Öffentlichkeit, weil entsprechendes Personal dafür abgestellt werden muß.

Von Vernachlässigung sprechen wir aber nicht nur, wenn die körperlichen Bedürfnisse der Kinder nicht befriedigt werden. Vielen Kindern wird auch zu wenig geistige und emotionale Aufmerksamkeit zuteil. Wenn bei einer Untersuchung an Kindergärten in Hessen herausgefunden wird, daß 22 Prozent der deutschen und 51 Prozent der Kinder aus Einwandererfamilien Sprachdefizite aufweisen, dann lernen wir daraus, daß geistige Vernachlässigung kein Minderheitenproblem darstellt. In manchen Haushalten wachsen die Kinder auf, als wären sie nur störende Elemente. Angesprochen – oft eher angeschrien – werden sie nur, wenn sie zu laut sind, etwas beschmutzen, kaputtmachen oder sich mit ihren Geschwistern streiten oder schlagen. Daß diese Art der elterlichen „Fürsorge" keine Ausnahme ist, beweisen die Zahlen: Laut Umfragen unter Kindern und Jugendlichen werden immerhin über 20 Prozent von ihnen mehr oder weniger regelmäßig von ihren Eltern geschlagen.

Neben der körperlichen Mißhandlung, dem sexuellen Mißbrauch und der Vernachlässigung kann auch die psychische Mißhandlung die Kindheit stark belasten. Diese ist möglicherweise noch mehr verbreitet als die bisher behandelten Formen der Gewalt gegen Kinder und dürfte in allen Gesellschaftsschichten anzutreffen sein. Sie ist aber noch schwerer zu erkennen und nachzuweisen.

In dem autobiographischen Roman „Die Asche meiner Mutter" hat der irische Schriftsteller Frank McCourt sehr eindrücklich beschrieben, wie sich die mütterliche Fürsorge bzw. Erziehung in einer Familie vollzieht, die im asozialen Milieu lebt. Seine Mutter saß den ganzen Tag am Küchentisch, rauchte (daher: die Asche) und unterhielt sich mit ihren Nachbarinnen. Die Kinder wurden notdürftig gekleidet und ernährt. Im übrigen mußten sie selbst sehen, wo sie blieben.

Einmal abgesehen von dem höheren Wohlstandsniveau vollzieht sich das Leben eines Kindes in deutschen Unterschichten nicht viel anders. Es liegt auf der Hand, daß körperlich, geistig und seelisch vernachlässigte Kinder weder optimale schulische und berufliche Leistungen erbringen können noch die besten Voraussetzungen für ein erfülltes und glückliches Leben mitbringen. Kinder, die ohne Frühstück in die Schule kommen, können sich einfach weniger konzentrieren als gesund ernährte. Jungen und Mädchen, die vor der Einschulung noch nie ein Buch in der Hand gehabt haben (laut Berichten von deutschen Lehrern sind das nicht wenige), erlernen das Lesen und Schreiben natürlich schwerer als ihre Schulkameraden. Die Leistungsprobleme gehen außerdem oft einher mit einem auffälligen Sozialverhalten der Kinder, die sich nicht richtig in die Klassengemeinschaft einfügen, keine Freunde finden und den Unterricht stören.

Die gesellschaftlichen Folgen von Kindesmißhandlung und -vernachlässigung erschöpfen sich aber nicht nur in Kriminalität, Sozialhilfekarrieren und Arbeitslosigkeit der betroffenen Kinder im Erwachsenenalter. Die unzureichende Förderung unserer Kinder und die mangelhafte Ausnutzung ihrer geistigen, körperlichen und seelischen Kapazitäten schwächt natürlich – und das müßte doch die Shareholder-value-Gesellschaft überzeugen – auch die Wettbewerbsfähigkeit unserer Wirtschaft, die doch so sehr vom Humankapital, das heißt den leistungsfähigen und -willigen Arbeitskräften, abhängt.

Sie beeinträchtigt aber auch unser Sozialsystem. Denn als Arbeitslose und Sozialhilfeempfänger liegen die als Kinder Vernachlässigten später der Allgemeinheit auf der Tasche (siehe Kapitel 12).

Die Misere der Kinder hat viele Ursachen. Zunächst ist festzustellen, daß die kriminologische Forschung ergeben hat, daß es den Tätertypus bzw. die zu Mißbrauchshandlungen prädisponierende Persönlichkeitsstruktur, die eine umfassende Erklärung von Täterverhalten erlauben würde, nicht gibt. Das ist eine gute

23

Botschaft. Denn sie beinhaltet die Feststellung, daß äußere Bedingungen dafür verantwortlich sein müssen, wenn es zu Verbrechen kommt. Diese scheinen zum einen in den ökonomischen und sozialen Rahmenbedingungen zu liegen. Armut, Arbeitslosigkeit und eine entsprechende Umgebung spielen dabei eine Rolle. Auch die gesellschaftliche Akzeptanz von Gewalt trägt zur Verbreitung elterlicher Mißhandlung bei. Weitere wichtige Risikofaktoren liegen vor, wenn die familiäre Lebenssituation durch ein schlechtes Familienklima, eine schlechte Qualität der Eltern-Kind-Beziehung und vor allem eine problematische elterliche Partnerbeziehung geprägt ist. Es ist auch von Bedeutung, ob das Kind erwünscht war oder nicht. Eine große Rolle spielen bei der Ausübung von Gewalt gegen Kinder die individuell gemachten Erfahrungen. Wer selbst geschlagen wurde, schlägt auch eher die eigenen Kinder. Wer gegenüber dem Partner gewalttätig ist, ist es auch gegenüber den Kindern.

Wenn Eltern ihre Kleinen mißhandeln, entspringt dies selten der Absicht, den Kindern zu schaden oder wehzutun. Das Problem liegt vielmehr in der Überforderung der Familien. Arbeitslosigkeit, Schulden, Existenzsorgen, ein zu niedriges Einkommen erschweren vielen Familien das tägliche Leben. Manche Eltern haben auch selbst nie erfahren, wie sich das Leben in einer friedlichen, einander zugeneigten Familie vollzieht. Und die äußeren Lebensbedingungen machen es heutzutage den Familien nicht leichter, Kinder aufzuziehen. Immer weniger Eltern wagen es, ihre Kinder allein auf die Straße zu lassen. Insbesondere in Großstädten und Ballungsgebieten finden Kinder deshalb keinen geeigneten Lebensraum mehr.

Die Ursache für diese nicht nur unbefriedigende, sondern skandalöse Situation liegt zum einen darin, daß die Lebensmöglichkeiten von Kindern in der Öffentlichkeit nicht ausreichend erörtert werden. Zum anderen ist ein Grund darin zu finden, daß die Kinder in Deutschland durch das geltende Recht und seine praktische Umsetzung nicht ausreichend geschützt sind. Das gilt insbesondere für Babys und Kleinkinder, die ja allein vollkommen hilflos sind und deren Wohl und Wehe deshalb vollständig von dem guten Willen und den Fähigkeiten ihrer Eltern abhängt.

Diese betrachten ihre Kinder oft als ihr Eigentum. Nicht nur Eltern, die ihre Kinder mißhandeln oder vernachlässigen, sondern auch „ganz normale" Erwachsene lassen sich nicht gern in die Fürsorge und Erziehung ihrer Kinder hineinreden. Das wäre aber zunehmend nötig. Denn angesichts des immer schwierigeren erzieherischen Umfeldes fehlt heute vielen Eltern die Kompetenz, ihre Kinder großzuziehen.

In Artikel 6 des Grundgesetzes heißt es in Paragraph 2: „Pflege und Erziehung der Kinder sind das natürliche Recht der Eltern und die zuvörderst ihnen obliegende Pflicht. Über ihre Betätigung wacht die staatliche Gemeinschaft." Daß die Eltern das Recht und die Pflicht haben, ihre Kinder zu pflegen und zu erziehen, ist nachvollziehbar und wünschenswert. Daß der deutsche Staat darüber wacht, kann man nicht gerade behaupten.

Was tut denn der deutsche Staat, um insbesondere kleine Kinder, die überwiegend Opfer von körperlicher Mißhandlung, sexuellem Mißbrauch, Vernachlässigung und psychischer Mißhandlung sind, zu schützen? Trägt der deutsche Staat nicht sogar dazu bei, daß sich die Lebensbedingungen für Kinder verschlechtern, indem er Reichtum von unten nach oben umverteilt, seit Jahrzehnten die Arbeitslosigkeit nicht wirksam bekämpft und die existentielle Sicherheit der Familien durch den Abbau von Arbeitnehmerrechten und die Kürzung von Sozialleistungen untergräbt? Hat nicht der Staat, indem er überall den freien Markt propagiert und durchsetzt, das Privatfernsehen zugelassen hat, das Internet unzureichend kontrolliert und den Straßenverkehr nur nach den Bedürfnissen der Autofahrer ausrichtet, die Umweltbedingungen für Eltern und Kinder maßgeblich verschlechtert? Und ist es nicht die staatliche Gemeinschaft, die über das Sozialsystem die Familien ausbeutet und gleichzeitig die Kinderlosen subventioniert (siehe Kapitel 15)?

Wir brauchen in der Familienpolitik ein grundsätzliches Umdenken. Wir brauchen ein humanes Verständnis von Familienpolitik, in deren Mittelpunkt das Wohl der Kinder und ihrer Eltern steht. Gleichberechtigt. Im Zweifelsfall geht Kindeswohl vor Elternrecht. Das muß auch für die Praxis gelten. Kinder sind nicht das Eigentum der Eltern.

Die ökonomische Instrumentalisierung der Familien muß vom Tisch. Kinder sind Menschen und haben als solche Menschenrechte und darüber hinaus spezielle Rechte als Kinder (siehe Anhang). Diese darf man ihnen nicht nur auf dem Papier gewährleisten. Der Staat muß sie auch im Alltag durchsetzen. Dazu muß die staatliche Gemeinschaft ihre Verantwortung für den Schutz, die Fürsorge und die Pflege aller Kinder wahrnehmen, und zwar von Geburt an bzw. schon davor. Das funktioniert mit den heutigen Instrumentarien nicht.

Wenn die Mißhandlung von Kindern aufgedeckt oder schon im voraus verhindert werden soll, müssen staatliche Stellen die Möglichkeit haben, von Geburt des Kindes an einen regelmäßigen direkten Kontakt zu der Familie zu pflegen. Wenn die Eltern von Anfang an von professionellen Hebammen, Ärzten und Pädagogen hinsichtlich der Pflege, Fürsorge und Erziehung ihres Kindes beraten werden, haben die Kinder nicht nur die Chance, eine unbeschwerte und glückliche Kindheit und Jugend zu erleben. Sie erhalten gleichzeitig die Möglichkeit einer optimalen Förderung, um gesunde, leistungsfähige und glückliche Erwachsene zu werden.

3 DAS VERSCHWINDEN DER KINDHEIT

Es ist eine Minderheit von Kindern, die mißhandelt und vernachlässigt wird. Aber es ist eine Mehrheit der Kinder, denen zunehmend die Kindheit abhanden kommt. Die Zeit, die als einzige Lebenszeit geprägt ist von Sorglosigkeit, Unbeschwertheit und vorbehaltloser liebevoller Zuwendung der Eltern.

Neil Postman schrieb in seinem Buch „Das Verschwinden der Kindheit", die Kindheit sei im wesentlichen von dem Nichtwissen bzw. der Unkenntnis der Erwachsenenwelt geprägt. In seinem Abriß über die Geschichte der Kindheit vermerkt der amerikanische Kommunikationswissenschaftler, daß die „Griechen über das Wesen der Kindheit nur undeutliche und verschwommene Vorstellungen hegten, aber beträchtlichen Ehrgeiz in Erziehungsfragen entwickelten." Eine größere Bedeutung maßen die Römer diesem Lebensabschnitt bei. Sie entwickelten als erste ein Bewußtsein für die Kindheit als eigenständigem Lebensabschnitt, der nicht nur geprägt war von der Erziehung zum Erwachsenen, sondern auch von dem Fernhalten eines großen Teils des Erwachsenenlebens.

Nach Postman kam der Gesellschaft die Kindheit im Mittelalter wieder abhanden: Es verschwand die Erziehung, es verschwand das Schamgefühl, es verschwand die Fähigkeit, zu lesen und zu schreiben. Das Lesen- und Schreibenlernen sah der Kommunikationswissenschaftler als bestimmend für die Existenz der Kindheit an. Demnach ist die Kindheit dadurch definiert, daß die Kinder einen großen Teil der Erwachsenenwelt nicht kennen, daß es viele Geheimnisse für sie gibt. Durch das Lesen und Schreiben erschließen sie sich erst langsam die Erwachsenenwelt. Im Mittelalter nun beschränkte sich die Fähigkeit des Lesens und Schreibens auf eine Minderheit gelehrter Personen, vor allem Geistlicher. Die Mehrheit der Bevölkerung war nicht nur ungebildet, sondern auch unzivilisiert. Eine Vorstellung von Kindheit gab es damals nicht. Die Kinder waren fast vollständig dem Leben der Erwachsenen ausgeliefert. So schrieb der französische Historiker Philippe Ariès in seinem Buch „Geschichte der Kindheit": „Ihm (dem Kind, C.M.) gegenüber erlaubte man sich alles: rohe Redensarten, schmutzige Handlungen und Situationen; sie hatten bald alles gehört, alles gesehen."

Die mittelalterliche Kultur hatte auch keine Vorstellung von Erziehung. Wie sollte sie auch? Manieren, Anstand, Benehmen, auch ein Großteil des modernen Verständnisses von Moral entwickelten sich erst in einem langen „Prozeß der Zivilisation", wie es der Soziologe Norbert Elias in seinem gleichnamigen Werk beschrieben hat. Es gab demzufolge nichts, wozu die Kinder erst erzogen werden mußten.

Dem Fehlen der Kindheit im Mittelalter stand gegenüber, daß das Verhalten aller Altersgruppen damals etwas „Kindisches" an sich hatte. (Bei dieser Gelegenheit weise ich darauf hin, daß viele mit der Silbe „Kind" verbundenen Wörter einen diskriminierenden Charakter haben: kindsköpfig, kindisch, Kinderei, Kinderspiel, der reinste Kindergarten, Kindfrau usw.)

Vielleicht kann das als Hinweis darauf gelten, daß zwischen der Kindheit und dem Erwachsensein eine klare Abgrenzung bestehen muß, und daß nur derjenige richtig erwachsen sein kann, der vorher auch richtig Kind war.

Das Wiederaufkommen der Kindheit schrieb Postman der Renaissance zu. Grundlage war dafür eine Alphabetisierung großer Teile der Bevölkerung. Jedoch dauerte es fast noch 200 Jahre, bis die Kindheit „zu einem scheinbar unumstößlichem Bestandteil der abendländischen Zivilisation geworden war. Aber dazu wäre es nicht gekommen ohne die Vorstellung davon, daß jedes Individuum aus sich heraus einen Wert besitzt". Zusehends wurde das Kind zu einem Gegenstand der Achtung, zu einem besonderen Geschöpf mit andersartigem Wesen und andersartigen Bedürfnissen. Kindheit drückte sich also vor allem im Schutz der und in der Fürsorge für die Kinder aus. Demgegenüber standen ihre Erziehung, Bildung und Ausbildung. Sie mußten die Schule besuchen, um lesen, schreiben und rechnen zu lernen, sie mußten anschließend eine Ausbildung absolvieren und sie mußten lernen, erwachsen zu werden. Das beinhaltete Fähigkeiten, die sich mit der „Überwindung der eigenen Natur" umschreiben lassen. Dazu gehörten die Fähigkeit zur Selbstbeherrschung, Konzentration, das berühmte „Sitzfleisch", Nachdenklichkeit, abstraktes, logisches, folgerichtiges und auch eigenständiges Denken, die Fähigkeit, die unmittelbare Befriedigung von Bedürfnissen aufzuschieben, die Entwicklung eines Schamgefühls, Anstand und gutes Benehmen. In dem Maße, in dem das Kind in strenger Disziplin erzogen wurde, lernte es die kulturellen Geheimnisse der Erwachsenen kennen. Postman: „Um 1850 (...) war die Kindheit überall in der westlichen Welt zu einer sozialen Idee und zu einer sozialen Tatsache geworden. Indessen fiel niemandem auf, daß ungefähr in die gleiche Zeit der Anfang vom Ende der Kindheit fällt."

Das Verschwinden der Kindheit ist für den amerikanischen Medienwissenschaftler Neil Postman daran zu erkennen, daß zwölf- und 13jährige Mädchen zu den bestbezahlten Fotomodellen gehören und Kinder vermehrt in den Bereich des Spitzensports vordringen, daß der Unterschied zwischen der Kriminalität Erwachsener und Kinder zunehmend schwindet, daß es kaum noch „Kinderkleidung" gibt und daß es nur noch eine Minderheit von Kindern versteht, auf typisch kindliche Art zu spielen.

Warum aber scheint die Kindheit zu verschwinden? Postman sieht die Schuld bei den modernen Massenmedien. Während die Kinder nach der Erfindung des Buchdrucks erst erwachsen *wurden,* indem sie lesen lernten und sich über das Lesen die Geheimnisse der Erwachsenenwelt nach und nach erschlossen, bringen die elektronischen Medien (Radio, Kino, Fernsehen und auch Internet, das zur Zeit der Buchveröffentlichung von Postman noch nicht aktuell war) den Kindern von klein auf die Realität der Erwachsenen in all ihren Ausprägungen nahe. Von einem Hineinwachsen in deren Geheimnisse kann da keine Rede mehr sein.

Da das Fernsehen keine besonderen Fähigkeiten verlangt, ist es schon für kleine Kinder konsumierbar. Aus kommerziellen Gründen werden die Fernsehsendungen in der Regel für ein breites Publikum konzipiert; deshalb müssen sie für alle verständlich sein. Das führt zu einer zunehmenden Verflachung der Programme. Außerdem werden die Informationen eher über Bilder als über Texte transportiert. Aber nicht alle Informationen lassen sich visualisieren. Komplexe Sachverhalte können deshalb nicht angemessen dargestellt werden. Zudem sprechen Bilder eher die Gefühle an als den Verstand. Dadurch wird die Irrationalität gefördert. Aufgrund der Informationsüberflutung durch Radio, Fernsehen und Internet gewinnt die Aufnahme von Informationen in den letzten Jahren und Jahrzehnten zunehmend an Gewicht. In den Hintergrund ist die Frage getreten, was man mit diesen Informationen anfängt, welchen Nutzen man daraus zieht. Insbesondere scheinen die Menschen das Nachdenken immer mehr zu verlernen; das erfordert ja schließlich auch ein theoretisches Fundament, das uns hilft, gewonnene Informationen richtig einzuordnen, und Zeit zum Nachdenken, die ja heute keiner mehr hat. Postman bezeichnete Bilder und andere visuelle Darstellungen als „in kognitiver Hinsicht regressiv". Einfach ausgedrückt könnte man auch sagen: Die Massenmedien, insbesondere das Fernsehen, führen zur zunehmenden Verblödung.

Und sie führen zu einer vollkommen falschen Einschätzung von Wissen, Fähigkeiten und Fertigkeiten. Viele Kinder und Jugendliche halten sich heutzutage für wissend und kompetent, weil sie durch Fernsehen, Computer und Internet viele Informationen erhalten. Die langjährige schulische und berufliche Ausbildung und der große Schatz an Berufs- und Lebenserfahrung der Erwachsenen werden vollkommen unterschätzt. Die Kinder sind nicht mehr wie früher auf Erwachsene als Hauptquelle des Wissens angewiesen. Die Konsequenz: Die Erwachsenen verlieren an Macht und Autorität. Und da kindliche Neugier dort, wo alle Geheimnisse der Erwachsenenwelt gelüftet sind, keinen Raum mehr hat, tritt an ihre Stelle so etwas wie Arroganz. Eine Arroganz, die allerdings gepaart ist mit großer Unsicherheit. Denn so oberflächlich selbstsicher die Informiertheit Kinder und Jugendliche macht, sind sie doch nicht in der Lage, die Informationen einzuordnen, weil ihnen die dazu notwendige Wertorientierung fehlt. Und sie wissen und fühlen in ihrem Innersten, daß sie in ihrem Leben noch keine großen Herausforderungen bestehen mußten.

Das Verschwinden der Kindheit ist verbunden mit dem Aufkommen eines neuen Menschentyps: des Kind-Erwachsenen. Postman definierte ihn so: „Der Kind-Erwachsene ist ein Mensch, dessen intellektuelle und emotionale Fähigkeiten sich im Laufe seiner Geschichte nicht entfaltet haben und sich insbesondere von denen der Kinder nicht sonderlich abheben." Wenn man beobachtet, daß immer weniger Menschen gute Manieren haben und Rücksicht gegenüber ihren Mitmenschen üben, daß das Streben nach direkter Bedürfnisbefriedigung zunimmt und daß viele Erwachsene den Folgen ihrer Handlungen gleichgültig gegenüberstehen (wie Kinder), sie zudem immer weniger bereit sind, Verantwortung für andere zu übernehmen, dann kann man sich des Eindrucks nicht erwehren, daß der Kind-Erwachsene tatsächlich im Vordringen ist. Zunehmend essen Erwachsene, was Kinder essen (Fastfood), sie spielen Computerspiele, wie auch Kinder es tun, sie hören dieselbe Musik und sehen sich dieselben Filme an, ja sie lesen sogar Harry Potter und stellen sich nachts an den Kinokassen an, um den Film als erste zu sehen.

Wie die Kindheit verfällt, so verliert auch das Erwachsensein an Bedeutung. Abgesehen davon, daß die Zunahme des Kind-Erwachsenen einen zivilisatorischen Rückschritt darstellt, ist eine Gesellschaft, in der sich immer mehr Menschen damit zufriedengeben, für sich selbst zu sorgen und sich um den Rest der Welt nicht zu kümmern, auf Dauer nicht lebensfähig. Heute krankt unsere Gesellschaft daran, daß junge Erwachsene nicht bereit sind, Kinder in die Welt zu setzen, morgen wird unübersehbar sein, daß sie auch nicht die Verantwortung für ihre Eltern übernehmen wollen, wenn diese alt und pflegebedürftig werden.

Auch die zunehmende Zahl von Ehescheidungen trägt zum Verschwinden der Kindheit bei: Denn wenn die Familie zerbricht, eine völlige oder zumindest mehr oder weniger starke Trennung von einem Elternteil erfolgt und sich möglicherweise sogar noch räumliche Veränderungen ergeben, bedeutet das für die meisten Kinder Schmerz, ja sogar Verzweiflung. Und dieses Leid wird gerade von denjenigen verursacht, von denen sie sich normalerweise Trost versprechen, wenn es ihnen schlecht geht und sie Hilfe brauchen. Woher soll das Kind in dieser Situation seine Sicherheit beziehen, wo erfährt es den Schutz, den seine kindliche Seele braucht? Wie kann es seine Sorglosigkeit aufrechterhalten, wenn die Erwachsenen ihre Sorgen zu den Sorgen der Kinder machen? Wenn sich Eltern trennen, erfährt die Kindheit einen Bruch, und es ist nie mehr so wie vorher.

Ich habe Zweifel, daß Eltern, die sich trennen, sich in jedem Fall klargemacht haben, was ihre Entscheidung für ihre Kinder bedeutet. Wenn man versucht, sich in die Gefühlswelt eines kleinen Kindes hineinzuversetzen und sich vorstellt, daß man möglicherweise in eine andere Wohnung oder ein anderes Haus ziehen muß, einen Elternteil nur noch unregelmäßig oder gar nicht mehr sieht, kann man sich die unendliche Verzweiflung und Hilflosigkeit des Kindes bewußt machen. Das alles geschieht den Kindern in der Regel, ohne daß sie gefragt wurden. Die bei Kindern und Jugendlichen sehr erfolgreiche Popgruppe Tokio Hotel hat das in ihrem Song „Gegen meinen Willen" in folgende Worte gekleidet:

Wie soll es mir schon gehn
Ihr guckt euch nicht mehr an
Und ihr glaubt ich merk das nicht
Wo soll ich jetzt hin
Was habt ihr euch gedacht
Sagt es mir jetzt in mein Gesicht
Sagt wofür alles hier zerbricht
Es macht mich fertig

Es ist gegen meinen Willen
Es ist gegen jeden Sinn
Warum müßt ihr euch jetzt trennen
Euren Namen umbenennen
Unser Ende ist schon hier
Und ihr sagt es nicht vor mir
Ich hasse euch dafür
Es ist gegen meinen Willen
Dagegen
(...)

Heute wird die Unbeschwertheit vieler Kinder und Jugendlicher auch durch die Arbeitslosigkeit und/oder die Armut der Eltern oder eines Elternteils beeinträchtigt. Diese Kinder sind oft in vielfacher Hinsicht benachteiligt: Ihre materielle Versorgung ist schlechter als die nicht armer Kinder, sie weisen Defizite im Spiel-, Sprach- und Arbeitsverhalten auf, werden häufiger vom Schulbesuch zurückgestellt und schaffen seltener den Übertritt in die Regelschule. Auch ihr Sozialverhalten unterscheidet sich: Arme Kinder haben weniger Kontakte und nehmen weniger aktiv am Gruppengeschehen teil. Besonders schwerwiegend ist die Benachteiligung der Kinder, deren Eltern arbeitslos und arm sind und die das Gefühl entwickeln, ihre Situation nicht mehr beeinflussen zu können.

Die mehrfach benachteiligten Kinder leiden unter schlechten Wohnbedingungen, sind häufiger sozial isoliert, spielen nur mit Geschwistern oder Kindern aus dem unmittelbaren Wohnumfeld. Sie nehmen weder die Angebote von Vereinen noch von öffentlichen Infrastruktureinrichtungen für Kinder wahr. Arbeitslosigkeit der Eltern und Armut stellt für viele Kinder heutzutage nicht in erster Linie deshalb eine psychische Belastung dar, weil die tatsächlichen materiellen Belastungen und sozialen Einschränkungen so groß sind, sondern vor allem darum, weil sie in einer Konsumgesellschaft leben, in der sich auch die Kinder über das Materielle definieren. So kann man beobachten, daß es gerade für Kinder und Eltern aus sozial schwächeren Kreisen von besonderer Bedeutung ist, über bestimmte Statussymbole wie Markenkleidung und -spielzeug zu verfügen. Wie aber sollen diese Kinder als Erwachsene einmal mit materiellen Beschränkungen umgehen, wenn ihnen in ihrer Kindheit beigebracht wurde, all das haben zu müssen, was die Schulkameraden oder Nachbarkinder auch haben?

Als nach dem Zweiten Weltkrieg die Armut unter Kindern weitverbreitet und auch existentieller war, litten die Kinder kaum darunter, weil erstens alle betroffen waren und zweitens materieller Reichtum für das Glück der Kinder nicht notwendig ist. Ein intaktes Elternhaus, Natur und eine kinderreiche und kinderfreundliche Umwelt sind wichtiger.

Das hat auch die heutige Armutsforschung bewiesen – und damit den Eltern das Argument genommen, die sich zwar ein zweites Kind wünschen, aber keines bekommen, weil sie denken, sie könnten sich keines leisten. Denn Kinder aus armen Familien haben keine Defizite, wenn sich die Eltern intensiv um sie kümmern und die Familie im Mittelpunkt steht. Wenn die Eltern mit den Kindern zum Schwimmen gehen, in den Zoo oder Wildpark oder für sonstige kleine Abwechslungen sorgen, die wenig oder gar kein Geld kosten, fehlt den Kindern nichts, was sie wirklich brauchen. Zeit und Liebe sind unendlich viel wichtiger als materielle Dinge.

Alexander von Schönburg weist in seinem Buch „Die Kunst des stilvollen Verarmens" darauf hin, daß die meisten Kinder zum Beispiel „ohnehin kein Spielzeug mehr wollen", und beschreibt das ärmste Kind, dem er je begegnet ist: Es „war der kleine Ali Kashoggi, der jüngste Sohn des Multimillionärs Adnan Kashoggi. Sein Kinderzimmer in Kashoggis Palast in den Bergen oberhalb Marbellas hatte die Größe einer Turnhalle. Jegliches Spielzeug gab es nur in XXL: Riesenteddybären, Riesenspielzeugautos, darunter fahrbare Kinderausgaben von Ferrari und Rolls-Royce. Und zwischen lauter quietschendem, klingelndem, hupendem und blinkendem Zeug saß Ali, ein unausstehlicher Quälgeist, der seine zahllosen Kinderschwestern triezte, der sich nie allein beschäftigen konnte, der abwechselnd gelangweilt und gereizt wirkte. Zur Nachmittagsunterhaltung wurden ihm Clowns ins Haus geholt, aber ich habe kein einziges Mal gesehen, daß er gelacht hätte. Später, habe ich gehört, soll er in New York zur Schule geschickt worden sein. Vermutlich eine dieser Rich-Kids-Schools wie Dwight, Spence oder St. Ann's. Spence ist bekannt dafür, daß hier schon elfjährige Mädchen mit Prada-Handtaschen herumlaufen, Dwight und St. Ann's für den Alkohol- und Drogenkonsum der Schüler. Was sollen diese Kinder noch genießen? Ihnen bleibt oft nichts anderes übrig, als Hippies in Goa oder heroinsüchtige Tramps in Algier zu werden, um den Überfluß ihrer Kindheit zu kompensieren."

Früher haben reiche Eltern ihre Kinder oft in strengen Internaten untergebracht, in denen man Schulkleidung trug, mehrere Kinder in einem karg möblierten Zimmer schliefen und das Essen auch nicht üppig war. Das kann man für übertrieben halten. Aber wir tun unseren Kindern heute keinen Gefallen, wenn wir sie schon im Kindesalter an einen materiellen Wohlstand gewöhnen, den sie sich als Erwachsene möglicherweise selbst nicht leisten können. Wenn Kinder nicht lernen zu verzichten, wie sollen sie dann genießen können? Das eine geht nur mit dem anderen.

Zu großer Reichtum und zu große Armut, man könnte auch sagen: ein zu sehr vom Materialismus geprägtes Umfeld, sind keine gute Basis für eine unbeschwerte und sorglose Kindheit. Sie kann aber auch in einem intakten Umfeld bedroht werden. Nicht gut für die Entwicklung der Kinder ist es, wenn übermäßiger schulischer oder elterlicher Leistungsdruck auf die Kinder ausgeübt wird, die Kinder mit Spielsachen und Elektrogeräten überschüttet oder zeitlich mit Sport-, Musik- oder Kunstunterricht verplant werden. Es ist heute schon fast an der Tagesordnung, daß wohlmeinende Eltern fast jeden Tag irgendeine Freizeitbeschäftigung für ihre Kinder organisieren, so daß zwischen Kindergarten oder Schule, Hausaufgaben, Training, Musikunterricht, Theater- und Kinobesuchen (und was es sonst noch so gibt) für die Kinder kaum noch Zeit zum Spielen und Herumtollen bleibt. Auf diese Weise werden die Kinder zwar schon früh für unsere Konsumgesellschaft abgerichtet, in der das Arbeiten (Schule) und der Konsum von mehr oder minder aktiven und selbstbestimmten Freizeitangeboten im Mittelpunkt stehen, für die eigenständige Entwicklung von Interessen und Vorlieben bleibt jedoch zu wenig Raum. So ziehen wir zwar aller Wahrscheinlichkeit nach systemangepaßte Menschen heran, aber nicht unbedingt selbständig denkende und handelnde Individuen mit Forschergeist, die eine leistungsfähige Wirtschaft genauso braucht wie eine gute Demokratie.

Kinder brauchen Ruhe, Zeit, und manchmal ist sogar Langeweile notwendig, damit Kreativität entsteht.

Und noch eine zusätzliche Gefahr kann die Kindheit bedrohen: die Ganztagsbetreuung in Krippen, Kindergärten, Schulen und Horten und die damit verbundene Trennung der Kinder von ihren Eltern und Geschwistern. Vor allem die aktuell geforderte Fremdbetreuung ein- bis dreijähriger Kinder in Ganztagskrippen sowie die Ganztagsbetreuung von Kindergarten- und Grundschulkindern berücksichtigt weder den altersmäßigen Entwicklungsstand der Kinder und Jugendlichen noch ihre Wünsche. Ganztagseinrichtungen für Kinder dienen in erster Linie dem Wohl *der* Erwachsenen, die sie nicht betreuen können oder wollen. Mit dem Wohl des Kindes sind sie in der Regel (Ausnahmen bestätigen die Regel!) nicht zu rechtfertigen. Das gilt um so mehr, je jünger das Kind ist. Zwar könnte eine glückliche Kindheit auch mit dem Besuch von Ganztagseinrichtungen zu vereinbaren sein; dafür wären jedoch zwei Voraussetzungen zu erfüllen: erstens müßte die Qualität der Einrichtungen gegenüber den heute üblichen Standards erheblich verbessert werden, was mit einem hohen finanziellen Aufwand verbunden wäre, und zweitens müßten die Kinder wählen können, ob und wann und wie lange sie welche Einrichtung besuchen.

4 WENN DIE GLÜCKLICHE KINDHEIT FEHLT: DIE FOLGEN DES ERZIEHUNGSNOTSTANDS

Die Folgen einer verlorenen Kindheit zeigen sich besonders auf der individuellen Ebene, wo sie zu einer wesentlichen Beeinträchtigung der Entwicklung eines Kindes beitragen, aber auch zu seinem Unglück. Eine Reihe von Defiziten, die Kinder heutzutage aufweisen, habe ich schon erwähnt, andere noch nicht. Auch ihrer gesellschaftlichen Bedeutung wegen führe ich die wichtigsten Symptome auf, an denen man den Verlust einer intakten und glücklichen Kindheit feststellen kann.

Dazu gehört das Phänomen der verträumt-unkonzentrierten (Hans-Guck-in-die-Luft) oder hyperaktiven Kinder (Zappelphilipps). Der Kinderpsychologe Wolfgang Bergmann weist in einer Publikation über dieses Aufmerksamkeits-Defizit-Syndrom (ADS) nach, daß die Ursachen dieser „Krankheit" in einem Mangel an emotionaler Zuwendung in der ganz frühen Kindheit liegen. In seiner Veröffentlichung „Ungehaltene Kinder" begründet er die gefühlsmäßige Vernachlässigung der Kinder mit dem gesellschaftlichen Rollenverständnis von Mann und Frau, das mit den familiären Bedürfnissen schwer in Einklang zu bringen ist. Er schreibt: „Der streunende Single in den Großstädten und der Global Player im Finanzgeschehen: Das sind zwei soziale Rollen, die sehr wohl gleichzeitig gelebt werden können. Aber wie bringt ein ehrgeiziger 30jähriger das Idealbild des Managers im weltweiten Verbund digitaler Informationstechnologien mit dem Bild des seßhaften Familienvaters zusammen? Wie verknüpft eine junge Frau ihr berufliches Ideal in der Werbung oder im Verkauf attraktiver Konsumgegenstände mit der Rolle der geduldigen, abwartenden Mutter, die beim Stillen mit ihrem Kind in eine spielerische Passivität versinkt?" Bergmann stellt fest, daß „eine kulturell-verbürgte Anerkennung des Mutterseins, wie sie in Traditionsgesellschaften oder Stammesgemeinschaften selbstverständlich ist, vollständig weggefallen ist". Das gilt ebenso für die Institution der Ehe als stabiler und dauerhafter Lebensgemeinschaft. So wird es zunehmend schwieriger, den Kindern das notwendige Maß an Schutz, Geborgenheit und Liebe zukommen zu lassen.

Nicht nur das Zappelphilipp-Syndrom ist eine Folge unseres gesellschaftlichen Zustands: Zu beobachten ist auch, daß Kinder und Jugendliche mehr und mehr einen narzißtischen Charakter herausbilden (weil sie häufig in den Mittelpunkt einer zunehmend instabilen Familie gerückt werden), der mit einer unzutreffenden Wahrnehmung und Akzeptanz der Wirklichkeit einhergeht. Jugendliche streben verstärkt danach, ihre Persönlichkeit und Individualität zu entwickeln und auszudrücken, um sich damit von anderen abzugrenzen. Das kann leicht dazu führen, die Bedeutung der eigenen Person zu überschätzen. Damit einher geht eine wachsende Anspruchshaltung der Kinder und Jugendlichen, verbunden mit gleichzeitiger Überempfindlichkeit, Verletzlichkeit und Unsicherheit. Man muß sich fragen, wie bindungsfähig diese Jugendlichen später sein werden (können) und wie sozial ihren Mitmenschen gegenüber.

Die US-Journalistin Katherine Ellison weist in ihrem Buch „Mutter sein macht schlau" darauf hin, daß „ein typisches amerikanisches Kind im Jahr 2000 im Alter von zwei bis 17 Jahren durchschnittlich knapp 20 Stunden pro Woche vor dem Fernsehapparat verbrachte – dies im Unterschied zu den durchschnittlich 38,5 Minuten pro Woche, die Eltern für sinnvolle Gespräche mit ihrem Kind aufwenden". Dies hat nicht nur den schon beschriebenen Verlust der Kindheit zur Folge, sondern zieht vor allem auch gesundheitliche Probleme nach sich. Bei herkömmlicher Betrachtung hat sich am Gesundheitszustand der deutschen Kinder durchaus einiges verbessert. Sie werden gegen viele Krankheiten geimpft, die meisten nehmen an Vorsorgeuntersuchungen teil, und wenn sie doch krank werden, können sie heute meist besser behandelt werden als früher. Aber neue Probleme treten auf: Aufgrund der mangelnden Bewegung, vor allem in frischer Luft, und dem zu häufigen und zu langen Sitzen vor dem Computer und dem Fernsehapparat hat die Beweglichkeit der Kinder enorm gelitten. Studien der AOK und des Deutschen Sportbunds belegen, daß die Fitneß der deutschen Kinder seit 1995 um mehr als 20 Prozent zurückgegangen ist. Der Vorstandsvorsitzende des AOK-Bundesverbandes, Hans Jürgen Ahrens, wertete dies „als eine mindestens ebenso große Bedrohung für die Gesellschaft wie die Folgen des demographischen Wandels".

„Mens sana in corpore sano" (ein gesunder Geist in einem gesunden Körper) – diese alte Weisheit des römischen Dichters Juvenal trifft stärker zu, als wir je dachten. Schon bei Babys fördern Berührung und Bewegung die geistige Entwicklung. Und nicht nur eine gesunde Ernährung, sondern auch die tägliche körperliche Betätigung trägt dazu bei, die geistige Fitneß der Kinder und Jugendlichen zu steigern. Viel wichtiger als Förderstunden oder Nachhilfe wäre die tägliche Bewegungs- oder Sportstunde für Kinder. Und bedeutender als die Beherrschung bestimmter Sportarten wäre es, jedem Kind, auch dem bewegungsfeindlichsten, den Spaß an körperlicher Anstrengung und dem Wohlgefühl danach zu vermitteln.

Kinder haben aber nicht nur motorische Probleme. Weil sie sich nicht genug bewegen und falsche Eßgewohnheiten haben, sind sie oft zu dick oder auch zu dünn. Und das setzt sie nicht nur den Sticheleien ihrer Mitschüler aus, sondern zieht auch gravierende Probleme des körperlichen Befindens nach sich – nicht nur zum jetzigen Zeitpunkt, sondern auch mittel- und langfristig. Ernährungsbedingte Krankheiten, die man früher nur bei Erwachsenen kannte, wie Diabetes, Rückenleiden oder Herzschwäche, kommen zunehmend bei Kindern und Jugendlichen vor. Man kann sich vorstellen, welche gesundheitlichen Schwierigkeiten Kinder, die falsche Ernährungsgewohnheiten annehmen und körperlich nicht fit sind, als Erwachsene haben werden. Das wird nicht zuletzt zu enormen finanziellen Belastungen unseres Gesundheitssystems führen.

Ein weiteres Problem stellt die zunehmende Aggression und Gewalt dar. Die Kriminalität von Kindern gleicht sich immer mehr der Erwachsenenkriminalität an. Es werden nicht unbedingt verstärkt Delikte begangen (es werden nur mehr angezeigt), aber die Vergehen sind schwerwiegender geworden: Einzelne Jugendliche sind zunehmend brutaler und oft vollkommen respektlos gegenüber Eltern, Erziehern, Lehrern und anderen Autoritätspersonen.

Verantwortlich dafür sind nicht nur die Medien, sondern auch ein Erziehungsversagen im Elternhaus, hauptsächlich dort, wo alleinerziehende Mütter mit der Sozialisierung ihrer Söhne überfordert sind. Ob bei Kindern, Jugendlichen oder Erwachsenen: Es sind hauptsächlich die männlichen Mitglieder unserer Gesellschaft, die sich schwer integrieren lassen. Kinder mit Lese- und Rechtschreibschwächen sind mehrheitlich Jungen. Das „Aufmerksamkeitsdefizitsyndrom mit Hyperaktivität" (ADHS) haben hauptsächlich Jungen. Als Störenfriede im Unterricht gerieren sich verstärkt Jungen. Ohne Abschluß verlassen fast zwölf Prozent der Jungen die Schule (bei Mädchen 5,2 Prozent). Gewalttätig und aggressiv im Kindesalter, später kriminell oder drogen- und alkoholsüchtig sind vornehmlich Jungen. Die seelischen Erkrankungen bei Kindern nehmen rapide zu, davon betroffen sind in erster Linie Jungen. Mehr als dreimal soviel Jungen wie Mädchen nehmen sich bis zum 20. Lebensjahr das Leben. Auch als Erwachsene leiden viele Männer unter Symptomen der Überforderung: Weitaus mehr Männer als Frauen werden kriminell und sitzen in unseren Gefängnissen ein. Von den 13.000 Selbstmorden pro Jahr werden drei Viertel von Männern begangen. Bei den Alkohol- und Drogensüchtigen sind die Männer wesentlich stärker vertreten als die Frauen. Und Arbeitslosigkeit stellt für Männer zunehmend ein größeres Problem dar als für Frauen: Während sich die Erwerbsquote der Frauen kontinuierlich erhöht hat, nahm die der Männer entsprechend ab. Das nagt natürlich am männlichen Selbstbewußtsein und ist für Männer schwer verkraftbar. Deshalb müssen wir uns Gedanken darüber machen, wie wir den Jungen (und Männern) die zunehmende Unsicherheit nehmen, ohne den Mädchen ihre zunehmende Sicherheit streitig zu machen.

Es scheint, daß die heutigen familiären Bedingungen, insbesondere der fehlende Vater – entweder weil das Kind unehelich geboren wurde oder weil sich die Eltern haben scheiden lassen oder weil der Vater aufgrund seines beruflichen Engagements nicht präsent ist – sowie die schulischen und außerschulischen Lebensverhältnisse die Jungen benachteiligen. Der Lehrer Frank

Beuster beschreibt in seinem Buch „Die Jungenkatastrophe" die derzeitige Überforderung des männlichen Geschlechts. Wenn wir nicht stärker auf die Unterschiede zwischen Jungen und Mädchen eingehen, werden wir es in Zukunft noch mehr als heute mit den Folgeerscheinungen einer falschen Erziehung zu tun haben. Das sollten wir vermeiden.

Das Kriminologische Forschungsinstitut Niedersachsen (KFN) hat bei einer Untersuchung unter Viertklässlern herausgefunden, daß 63,5 Prozent der Jungen einen eigenen Fernsehapparat besitzen und 56 Prozent ungefragt eine Spielkonsole sowie 52 Prozent einen Computer benutzen können. Bei den lese- und schreibkompetenteren Mädchen ist der Anteil um einige Prozent geringer. Die Auswirkungen des unbeaufsichtigten Gebrauchs dieser Geräte sind erschreckend: So haben Viertklässler mit eigenem Medienzugang schlechtere Schulnoten in Deutsch, Mathematik und Sachkunde als Gleichaltrige ohne eigene Geräte. Die Schulleistungen sind besonders miserabel, wenn die Inhalte von Videospielen und Filmen brutal sind und häufig in Anspruch genommen werden. Die schlimmsten Auswirkungen haben Horror- und Actionfilme, die vor dem Einschlafen gesehen werden. Kinder mit eigenem Fernsehgerät im Zimmer entwickeln später eine erhöhte Gewaltbereitschaft, und bereits als Kinder schlagen sie mehr als andere Gleichaltrige. Laut Christian Pfeiffer, Kriminologe und Direktor des KFN, haben „das allerhöchste Risiko gewalttätigen Verhaltens die Schüler, die alle Geräte im Zimmer stehen haben – also Fernsehgerät, Spielkonsole und Computer".

Interessant sind die Daten des KFN auch, wenn man sie in Bezug zu den PISA-Ergebnissen setzt. Das Institut fand nämlich heraus, daß Kinder in Dortmund und im Osten Deutschlands häufiger über eigene Medienapparate verfügten als im Süden, daß mehr Jungen diese ihr eigen nennen als Mädchen und nichtdeutsche Kinder sie öfter in ihrem Zimmer stehen haben als deutsche. Bei der PISA-Studie schnitten die Mädchen besser ab als die Jungen, die Schüler im Süden besser als die im Norden und die deutschen Kinder besser als die ausländischen.

Natürlich ist der Medienkonsum nicht allein verantwortlich für die schlechteren Schulleistungen und die erhöhte Gewaltbereit-

41

schaft von Kindern und Jugendlichen. Anderes kommt hinzu: innerfamiliäre Gewalt, falsche Freunde und ein schlechtes Umfeld. Im Süden Deutschlands (hier: München), wo ein anderes Erziehungsverständnis der Eltern dafür sorgt, daß die Kinder nachmittags mit Musik, Sport und anderen Kultur- und Freizeitangeboten versorgt werden – bei gleichzeitiger Kontrolle des Medienkonsums – zeigen die Kinder bessere Leistungen. Christian Pfeiffer kommt deshalb zu dem Schluß, daß das Elternhaus immer noch den größten Einfluß habe und „der Bildungsgrad der Eltern letztlich entscheidend sei".

5

KINDESWOHL BRAUCHT
ELTERNLIEBE – UND ELTERNZEIT

Das Wertvollste, was Eltern ihren Kindern geben können, ist eine glückliche Kindheit. Stabile Familienverhältnisse sind dazu die wichtigste Voraussetzung.

Kinder brauchen von Geburt an eine Mutter und einen Vater, die in einer möglichst harmonischen Beziehung leben sollten. Wenn Kinder mißhandelt oder vernachlässigt werden, liegen die Ursachen meist darin, daß die Kinder ungewollt oder ungeplant auf die Welt kamen und/oder daß die Beziehung der Eltern durch Streit und Gewalt belastet ist. Nun kann es zu ungewollten Schwangerschaften kommen, wenn gerade junge Leute unzureichend über Sexualität und Partnerschaft informiert sind. Dagegen kann man durch eine frühzeitige Aufklärung vor allem in den Schulen ankämpfen. Auch Kurse, in denen Jugendlichen mit Baby-Robotern vermittelt wird, wie anstrengend und belastend die Fürsorge und Aufziehung eines Kleinkindes sein kann, können helfen, zu frühe oder unpassende Schwangerschaften zu vermeiden.

Aber es muß auch ein Problem erörtert werden, das – soweit ich es sehe – ein gesellschaftliches Tabu zu sein scheint: Nämlich die Tatsache, daß eine nicht unerhebliche Zahl von Frauen mit Absicht schwanger wird, um einen noch unentschlossenen Mann oder einen, der sich von ihr abwendet, wieder an sich zu binden. Früher hat das funktioniert. Ein Mann von Ehre heiratete die Frau, die ein Kind von ihm erwartete und bemühte sich, genau wie seine Ehefrau, eine möglichst akzeptable Ehe zu führen. Eine Scheidung kam aus gesellschaftlichen Gründen nicht in Frage. So machte jeder seine Kompromisse und fügte sich in eine mehr oder minder akzeptable, zufriedenstellende oder, wenn es optimal lief, sogar glückliche Partnerschaft. Für die Kinder hatte dieses Zurückstellen der eigenen Interessen von Mutter und Vater den Vorteil, Schutz und Geborgenheit in einer stabilen Familie zu finden, die natürlich auch nicht immer frei von Spannungen und Aggressionen war, aber in der Regel doch gut genug funktionierte, um den Kindern das Maß an Sorglosigkeit zu bieten, das sie für eine glückliche Kindheit brauchten. Heutzutage gelingt es nur noch in Ausnahmefällen, einen nicht bindungswilligen Mann mithilfe eines Kindes für eine dauerhafte Beziehung oder gar Ehe zu gewinnen. Und auch bereits vorhandene Ehen, in denen es kriselt, lassen sich durch die Ankunft eines Kindes meist nicht auf Dauer retten. Früher oder später kommt es dann doch zur Trennung, und die Kinder sind dann die Hauptleidtragenden.

Für das Wohl unserer Kinder wäre es deshalb wichtig, Frauen davon zu überzeugen, nur dann ein Kind in die Welt zu setzen, wenn ihre Partnerschaft harmonisch verläuft und wirklich dauerhaft zu sein scheint. Damit dürfte zumeist auch ihren eigenen Interessen besser gedient sein, denn viele Frauen empfinden das Leben als alleinerziehende Mutter als belastend. Hinsichtlich der Frage ungewollter Schwangerschaften muß man aber auch an das Verantwortungsgefühl der Männer appellieren. Wenn sie nicht Vater werden wollen, das heißt, wenn sie nicht die volle Verantwortung für die Fürsorge und Erziehung ihres Kindes übernehmen wollen, sollten sie auch selbst dafür sorgen, daß dieser Fall nicht eintreten kann. Familienplanung darf dann nicht allein in den Händen der Frauen liegen, auch Männer müssen dafür sorgen, daß sie kein Kind zeugen, wenn sie nicht bereit oder in der Lage sind, für sein Wohl zu sorgen. Und zu dem Wohl des Kindes trägt vor allem die harmonische Beziehung von Vater und Mutter bei.

Im Hinblick auf die Ermöglichung einer glücklichen Kindheit wäre also schon einiges gewonnen, wenn nur die Kinder zur Welt kämen, die auch tatsächlich gewollt sind. Noch mehr wäre aber gewonnen, wenn alle Männer und Frauen, die Kinder wollen und bereit sind, ihnen die Voraussetzungen für eine sorglose Kindheit zu bieten, auch tatsächlich welche bekämen. Hier stellen sich mehrere Probleme: Insbesondere Akademiker, männliche wie weibliche, verweisen in Zusammenhang mit ihrer Kinderlosigkeit auf ihr fortgeschrittenes Alter. Kürzere Ausbildungszeiten und ein gesellschaftliches Klima, in dem Kinder und Familien die ihnen zukommende Achtung erfahren, könnten sicher bewirken, daß auch Akademiker die Planung ihrer Familie rechtzeitig in Angriff nehmen. Daneben meinen viele Familien, die noch gern ein zweites Kind bekommen würden, sich das finanziell nicht leisten zu können. Nicht nur für sie, aber hauptsächlich für sie fordere ich am Ende dieses Buches ein Erziehungsgehalt (siehe Kapitel 15).

Bleibt noch eine wichtige Frage: Wie findet Mann die richtige Frau für seine gewollten Kinder, und wie findet Frau den passenden Mann? Heute gibt es Eheberater, eine Unmenge an Literatur zu der Frage, wie man eine glückliche Ehe führt, wie man eine unglückliche Ehe rettet usw. Relativ wenig Hinweise findet man dagegen zu der wichtigen Frage: Wie finde ich den Partner, der zu mir paßt? Für eine glückliche Beziehung ist es unverzichtbar, daß man zueinander paßt, daß man einander versteht, daß man ein ähnliche Wertgefüge und einen ähnlichen Lebensstil, ähnliche Sichtweisen und Interessen und ähnliche Prioritäten im Leben hat.

Abgesehen davon, daß auch Glück dazu gehört, den passenden Mann oder die passende Frau zu finden, kann man auch selbst einiges dafür tun, die Wahrscheinlichkeit des Eintreffens dieses Glücks zu erhöhen. Zunächst gehört dazu die eigene Entscheidung, einen Partner fürs Leben zu finden und nicht nur für eine bestimmte Zeit. Außerdem muß man sich bemühen, authentisch und wahrhaftig zu sein. Das heißt, man muß wissen, wer man ist und zu sich stehen. Dazu gehört auch, sich nicht selbst zu belügen, sondern klar seine Stärken zu erkennen, aber auch seine Schwächen. Das kann dabei helfen, die Kompromißfähigkeit dem Partner gegenüber zu erhöhen. Schließlich können wir nicht verlangen, daß ein Lebenspartner besser ist als wir selbst, mehr gibt, als wir geben wollen, und Zugeständnisse macht, zu denen wir nie bereit wären. Heute scheitern viele Beziehungen an überhöhten Ansprüchen an den jeweiligen Partner. Daran haben auch die Medien schuld. Unser Sohn beschrieb das einmal so: „Da sitzt der Thomas im Sessel und sieht Britney Spears und Heidi Klum im Fernsehen, und dann soll er sich für die kleine Dicke von nebenan interessieren. Ohne natürlich zu realisieren, daß er selbst auch nicht annähernd ein Robbie Williams ist."

Da stellt sich aber auch die Frage: Braucht man eine Frau wie Britney Spears als Partnerin fürs Leben und als Mutter für seine Kinder? Ist sie augenscheinlich nicht sogar vollkommen ungeeignet dafür? Und aus Frauensicht: Kann man sich wirklich vorstellen, daß der Sänger Robbie Williams ein guter Ehemann und Familienvater wäre? Wenn man nicht seinen Traummann oder seine Traumfrau sucht, sondern einfach überlegt, welche Eigenschaften der Partner fürs Leben und die Mutter/der Vater seiner/ihrer Kinder haben soll, steigen die Chancen, „den Richtigen" oder „die Richtige" zu finden. Und wenn man im Beruf und in der Freizeit so weit wie möglich seinen Interessen und Leidenschaften nachgeht, trifft man auch eher den passenden Partner, als wenn man Beruf und Hobbys an dem ausrichtet, was gerade „in" ist. Es ist schließlich kein Zufall, daß viele glückliche Partnerschaften am Arbeitsplatz entstanden sind. Denn wenn man die berufliche Tätigkeit des Partners kennt, ist zumindest schon einmal sichergestellt, daß in der Beziehung ein gegenseitiges Verständnis für die Arbeit vorhanden ist. Auch gemeinsame Hobbys, die mit Leidenschaft verfolgt werden, sind oft ein gutes Fundament zum Aufbau einer dauerhaften und harmonischen Partnerschaft.

Für weniger tragfähig dagegen halte ich „Äußerlichkeiten": Gutes Aussehen, Geld, Macht, Erfolg, Jugend usw. Der Schauspieler Pierre Franckh brachte das in seinem Buch „Glücksregeln für die Liebe" auf den Begriff „Sex", der auch seiner Meinung nach nicht bei der Partnersuche hilft. Denn man kann mit dem wundervollsten Menschen unglücklich sein, weil er schlicht und einfach nicht zu einem paßt. Wichtiger als die äußeren Eigenschaften sind eben die Verwandtschaft im Geiste und in der Seele. Wie man erkennt, was man wirklich will und wer zu einem paßt, und wie man auf Dauer eine glückliche Partnerschaft führt, kann man in dem Ratgeber von Franckh nachlesen.

Aber selbst wenn es Männern und Frauen in Zukunft gelingen sollte, ihre Ehen dauerhafter als heute zu gestalten, wird es auch weiterhin zu Trennungen von Eltern kommen. Wenn das Zerwürfnis zwischen (Ehe-)Partnern tatsächlich so tiefgreifend ist, daß ein Festhalten an der Beziehung für beide zur Qual wird, dann ist wahrscheinlich auch den Kindern mit einer Scheidung/Trennung der Eltern besser gedient als mit dem täglichen Erleben von Disharmonie, Streit und Aggression zwischen Vater und Mutter. Aber es kommt heutzutage auch zu Scheidungen von Ehen, die vielleicht doch noch zu retten wären. Immerhin bereuen laut einer Umfrage 30 Prozent der Geschiedenen in Deutschland bereits nach dem ersten Jahr, sich von ihrem Partner/ihrer Partnerin getrennt zu haben. Deshalb sollte man bei der Rechtsprechung in Scheidungsfällen das Wohl der Kinder stärker berücksichtigen. Das Ehescheidungsrecht müßte im Falle der Existenz von Kindern dahingehend verändert werden, daß vor der endgültigen Trennung der Eltern auch unter Einsatz professioneller Beratung alle Möglichkeiten überprüft werden, die Ehe aufrechtzuerhalten. Die gesunde Entwicklung der Kinder und ihr Wohl sollten mit dem der Erwachsenen gleichgestellt werden. Das ist heute nicht der Fall. Damit die Erwachsenen ihr Befinden durch eine Trennung verbessern, muten sie den Kindern den Zusammenbruch ihrer heilen Welt zu.

Statt daß sich die Eltern im Falle des Auftretens von Schwierigkeiten in der Ehe trennen, wäre es manchmal besser, das Familienleben im Interesse der Kinder weiter aufrechtzuerhalten und sich im übrigen eine gewisse gegenseitige Freiheit zuzubilligen. In vielen Fällen könnte dieses Vorgehen dazu führen, daß die Ehepaare nach einer gewissen Zeit wieder zueinanderfinden. Eine Eheberaterin, mit der ich vor einigen Monaten in einer Talkshow saß, vertrat dort in einem Fachkreis unwidersprochen die Auffassung, daß die meisten Verbindungen nicht geschieden werden müßten.

Die große Mehrheit der deutschen Männer und Frauen wünscht sich ja eine lebenslange glückliche Partnerschaft. Nicht nur zum Wohl der Kinder, sondern auch zu ihrem eigenen (Ehescheidungen oder Trennungen sind ja für alle Betroffenen meist mehr und seltener weniger schmerzhaft) sollten größere Bemühungen unternommen werden, die Bindungs- und Beziehungsfähigkeit von Männern und Frauen zu verbessern. Die Grundlagen dafür werden in einer intakten, glücklichen Kindheit gelegt. Aber auch als junge oder auch nicht mehr ganz junge Erwachsene haben wir die Chance zu lernen, wie man den richtigen Partner findet und wie man dauerhaft und glücklich mit ihm zusammenleben kann.

Wenn es in einer Ehe trotz passendem Partner zu einer Krise kommt, die durch die Beteiligten nicht zu lösen ist, sollte man sich nicht scheuen, Hilfe von außen anzunehmen, sei es von der Familie, Freunden oder auch professionellen Beratern. Das meiste, was im Leben einen Wert hat, fällt einem nicht in den Schoß. So ist es auch mit einer dauerhaften, tiefen und glücklichen Ehe: Man muß auch bereit sein, um sie zu kämpfen. Insbesondere dann, wenn Kinder vorhanden sind, welche die Trennung der Eltern nicht verschmerzen, andauernde Auseinandersetzungen zwischen ihnen aber auch nicht gut vertragen.

Stabilität und Harmonie in der Elternbeziehung sind eine notwendige Grundlage für eine sorglose und glückliche Kindheit, aber sie reichen nicht aus. Kinder brauchen von Geburt an die hingebungsvolle Liebe und vorbehaltlose Zuwendung von Mutter und Vater – mehr als wir alle bisher geglaubt haben und viel mehr, als es uns heute in der öffentlichen Diskussion suggeriert wird. Aber nicht mehr, als es der Intuition jeder normal empfindenden Mutter und jedes normal empfindenden Vaters entspricht.

In meiner Eigenschaft als Präsidentin des Vereins (I)NTACT, der gegen die Genitalverstümmelung von kleinen Mädchen in Afrika kämpft, reise ich in regelmäßigen Abständen in afrikanische Länder. Dort treffe ich natürlich auch sehr viele Frauen mit Kindern. Auf Veranstaltungen sieht man eine Vielzahl von jungen Müttern, die ihre Babys in einem Tuch um den Bauch herumgebunden haben. Ich habe in Afrika nie einen Säugling schreien hören. Wenn das Kind Hunger hat, meldet es sich mit je eigenen Lauten und wird von der Mutter sofort „bedient", das heißt gestillt. Wenn die Mutter Zeit hat, das heißt nicht arbeiten muß, wie das auf unseren Aufklärungsveranstaltungen der Fall ist, wendet sie sich oft ihrem Kind zu: Während sie den Ausführungen über die Schäden der Genitalverstümmelung lauscht, lächelt sie ihr Kind an, krault es oder fächelt ihm Luft zu. Wenn sie dann zur Arbeit zurückkehrt, bleibt das Kind auf ihrem Rücken, von wo aus es ihr zuschauen oder auch schlafen kann. So wiegt sich das Kind immer in der Anwesenheit der Mutter und fühlt sich sicher und beschützt (wenn es Glück hat, wird es vielleicht herumgetragen, bis es zwei oder fast drei Jahre alt ist und sich sein Geschwisterchen anmeldet) – übrigens auch nachts, wenn es bei seinen Eltern schläft, was in afrikanischen Ländern Standard ist. Ich habe mich oft (und auch erfahrenere Experten, die zu den gleichen Schlußfolgerungen kamen wie ich) gefragt, warum die afrikanischen Frauen und Männer trotz ihrer extrem schwierigen und harten Lebensbedingungen selbstsicher, selbstbewußt und in sich ruhend sowie gleichmütig oder häufig sogar fröhlich sind (ein Freund von mir sagt immer: Wenn afrikanische Männer zusammenstehen und nicht lachen, stimmt irgend etwas nicht) und die Antwort darin gefunden, daß ihr kindliches Urvertrauen in den ersten Lebensjahren nie enttäuscht, sondern immer wieder bestätigt wurde.

Die amerikanerische Autorin Jean Liedloff hat in ihrem Buch „Auf der Suche nach dem verlorenen Glück" ähnliche Beobachtungen bei den Yequana-Indianern in Venezuela beschrieben. Sie versucht in ihrer Analyse mit Erfolg nachzuweisen, daß die Glücksfähigkeit einzelner Menschen und auch der Gemeinschaft, in der sie leben, darauf zurückzuführen ist, daß die Loslösung des Kindes von der Mutter langsam und behutsam erfolgt, so wie es den körperlichen, geistigen und seelischen Fähigkeiten des Kindes entspricht. Ein getragenes Kind, das den Prozeß der körperlichen Trennung von seiner Mutter selbst bestimmt, erfährt durch die Nähe der Mutter und die unmittelbare Befriedigung seiner Bedürfnisse eine Bestätigung des ihm von der Natur mitgegebenen Vertrauens und seiner Lebensbejahung. Auf dieser Basis des Schutzes, der Sicherheit und Ruhe kann sich das Neugeborene der Erforschung seiner Umwelt und der Verarbeitung der neuen Eindrücke seiner Umgebung widmen. Damit ist die bedürfnisgerechte Fürsorge, die dem in die Welt eintretenden Baby nicht weniger, aber auch nicht mehr an Zuwendung und Pflege angedeihen läßt als es braucht, der ideale Nährboden zur Entwicklung seiner körperlichen, geistigen und seelischen Entwicklung. Jean Liedloff drückt es so aus: „Was das Kleinkind fühlt, ehe es denken kann, ist ein mächtiger Bestimmungsfaktor dafür, woran es denkt, wenn Denken möglich wird."

Diese Erkenntnisse bestätigt die neuere Hirnforschung. Unsere Kultur ist dadurch entstanden, daß es uns Menschen – anders als den Tieren – möglich ist, von Generation zu Generation Wissen und Erfahrungen weiterzugeben. Dies wiederum setzte die spezifische Beschaffenheit unseres Gehirns voraus. Nun werden aber, wie der Neurologe Gerald Hüther feststellt, „alle Bereiche und Regionen, in denen sich das menschliche Gehirn von dem unserer nächsten tierischen Verwandten am stärksten unterscheidet und von denen all jene Funktionen gesteuert werden, die wir als spezifisch menschliche Leistungen betrachten, erst nach der Geburt durch eigene Erfahrungen endgültig herausgeformt. Die wichtigsten Erfahrungen, die einen heranwachsenden Menschen prägen und in Form komplexer neuronaler synaptischer Verschaltungen in seinem Gehirn verankert werden, sind Erfahrungen, die in lebendigen Beziehungen mit anderen Menschen gesammelt werden. In all jenen Bereichen, wo es sich von tierischen Gehirnen unterscheidet, wird das menschliche Gehirn durch Beziehungen und Beziehungserfahrungen mit anderen Menschen geformt und strukturiert. Unser Gehirn ist also ein soziales Produkt und als solches für die Gestaltung von sozialen Beziehungen optimiert. Es ist ein Sozialorgan."

Das bedeutet, daß die Entwicklung des Gehirns durch positive Einflüsse gefördert werden kann, aber durch negative Einwirkungen auch verformbarer ist, als wir bisher gedacht haben. Das gilt vor allem für die ersten Lebensjahre des Kindes, in denen der Großteil der Entwicklung des Gehirns stattfindet. Die Hirnregion des Menschen, die zuletzt reift, der Frontal- oder Stirnlappen, ist, so Hüther, „in besonderer Weise daran beteiligt, aus anderen Bereichen der Großhirnrinde eintreffende Erregungsmuster zu einem Gesamtbild zusammenzufügen und auf diese Weise von ‚unten', aus tieferliegenden und früher ausgereiften Gehirnregionen generierte Erregungen und Impulse zu hemmen und zu steuern. Ohne Frontalhirn kann man keine zukunftsorientierten Handlungskonzepte und inneren Orientierungen entwickeln. Ohne Frontalhirn kann man nichts planen, kann man die Folgen von Handlungen nicht abschätzen, kann man sich nicht in andere Menschen hineinversetzen und deren Gefühle teilen, auch kein Verantwortungsgefühl empfinden. Unser Frontalhirn ist die Region, die in besonderer Weise durch denjenigen Prozeß strukturiert wird, den wir Erziehung und Sozialisation nennen (...). Um diese Strukturen ausbilden zu können, suchen und brauchen bereits Neugeborene die lebendige Interaktion mit anderen Menschen."

Wenn sich Kinder beschützt und sicher fühlen und ihr Vertrauen noch nicht enttäuscht wurde, sind sie offen für jede neue Wahrnehmung und Erfahrung. Dagegen führen Angst, Druck und Verunsicherung zur Blockade des Gehirns. Streß bewirkt, daß neue Sinneseindrücke nicht zu den bereits im Gehirn abgespeicherten Erinnerungen in Bezug gesetzt werden können. Neues kann dann weder aufgenommen noch dauerhaft abgespeichert werden kann. Das heißt: Wenn der Psychostreß zu groß ist, wird Lernen unmöglich. Es kann sogar vorkommen, das bereits vorhandenes Wissen unter diesen Bedingungen nicht mehr abrufbar ist.

Wenn wir wollen, daß sich das Gehirn der Kinder möglichst voll entwickelt und die Kinder gut lernen, müssen wir also zunächst für ihr körperliches und seelisches Wohlbefinden sorgen. Und zwar von der Geburt an. Die ersten Wochen und Monate des Lebens eines Kindes sind von größter Bedeutung, weil in dieser Zeit nicht endgültig, aber doch weitgehend die Grundlagen für eine gesunde Entwicklung von Körper, Geist und Seele gelegt werden. Diese Grundlagen werden dadurch geschaffen, daß die Mutter (oder eine andere dauerhafte Bezugsperson) dem Kind Schutz und Geborgenheit bietet, indem sie seine existentiellen Bedürfnisse befriedigt: sein Bedürfnis nach Nahrung, Trockenheit und Wärme, Zuwendung und Zärtlichkeit und dem richtigen Maß an Anregung. Daraus entwickelt sich die Bindung zwischen Mutter und Kind und dem Vater als wichtiger Drittperson. Wenn diese intensive Bindungsbeziehung zusammentrifft mit einem Umfeld, das dem Kind Ruhe und Zeit zum Beobachten und Ausprobieren läßt, kann seine Intelligenz am besten reifen.

Und damit komme ich wieder zu „meinen" afrikanischen Müttern und zu den Yequana-Indianern von Jean Liedloff zurück. Über Jahrtausende hinweg lebten die neugeborenen Menschenkinder in enger Verbindung zur Mutter, in naturnahen Gesellschaften ist dies noch heute der Fall. Die Nähe zur Mutter bietet ihnen Sicherheit und Schutz, Wärme und Zärtlichkeit. Da die Mutter in der Regel den ganzen Tag arbeitet, bekommt das Kind durch ihre Beobachtung genug Anregung. Das Leben der Mutter findet in der Gemeinschaft statt, so daß das Kind von der Geburt an auch mit anderen Menschen in Beziehung treten kann. Die Mutter hat auf diese Weise den Vorteil, nicht nur immer mit dem Kind allein zu sein (wie viele junge Mütter und Hausfrauen in modernen Gesellschaften) und in der Betreuung des Kindes auch einmal von anderen entlastet zu werden. Indem sie die Bedürfnisse des Kindes vollkommen erfüllt, sorgt sie auch für ein streßfreies Leben und eine angenehme Mutterschaft für sich selbst. Denn ein Baby, das herumgetragen und gestillt wird und nachts mit den Eltern schläft, ist meist sehr pflegeleicht. Seine Zufriedenheit und sein Glück machen auch die Mutter (und den Vater) glücklich, so daß sich diese weiterhin so verhalten wird, wie es dem Baby gefällt und umgekehrt.

In den fortgeschrittenen oder industriellen Ländern dagegen, wo wir uns in der Kindererziehung von unserer Intuition immer mehr entfernen und der Verstand das Regiment übernommen hat, werden den Eltern in der Babypflege je nach Mode Ratschläge erteilt, von denen man nur sagen kann: Ratschläge sind auch Schläge! Nicht nur für die Kinder, sondern auch für die Eltern. Da soll man das Baby schreien lassen, obwohl einem fast das Herz bricht. Man soll es auf jeden Fall von Anfang an allein schlafen lassen, zumindest allein in seinem Bettchen oder sogar allein im Kinderzimmer. (Warum eigentlich? Wer von uns Erwachsenen schläft denn allein und findet das gut?) Und man soll es ja nicht soviel herumtragen, weil es sonst zu verwöhnt wird. Man soll es in regelmäßigen Abständen füttern (und nicht, wenn es Hunger hat) und es nach bestimmten Uhrzeiten schlafen legen.

Als unser Sohn, der in seinem Kinderbett schlief, mich in den ersten Lebensmonaten nachts alle zwei Stunden weckte, fühlte ich mich nach einigen Wochen vollkommen erschöpft. Irgendwie geriet ich an das Buch „Jedes Kind kann schlafen lernen", in dem den Eltern geraten wird, sich dem nachts schreienden Kind zu zeigen (es aber nicht hoch zu nehmen), es zu beruhigen und wieder zu gehen. Wenn es dann erneut schreit, soll man wieder kurz zu ihm gehen usw., bis es schlafen gelernt hat. Ich wollte diese Methode bei unserem Kind anwenden, habe es aber – zum Glück – nicht ausgehalten, es wiederholt schreien zu hören. Wir haben das Problem viel einfacher gelöst: Irgendwann sagte mein Mann, daß der Kleine doch bei uns schlafen könne. Das war die Lösung: Unser Sohn schrie nachts nicht mehr, und wenn er aufwachte, sah er uns und schlummerte beruhigt wieder ein.

Das Buch „Jedes Kind kann schlafen lernen" halte ich inzwischen für eine Anleitung zur Folter kleiner Kinder, das verboten werden sollte. Auch der dänische Familientherapeut Jesper Juul kritisiert derartige Erziehungsmethoden kleiner Kinder, die er bezeichnet als eine „einseitige Strategie, mit der die Erwachsenen (die Machthaber) die Kinder (die Machtlosen) traktieren, um ein einziges Ziel zu erreichen: daß die Kinder lernen, auf Kommando einzuschlafen. Es ist gleichzeitig eine Methode, die sich nicht um das Verhältnis zwischen den Familienmitgliedern, die Wertvorstellungen der Eltern oder die Integrität des Kindes schert. Sie hat auch nichts mit Erziehung oder Zusammenarbeit zu tun, sondern ist eine Art Dressur (...). Die Alternative zu dieser Methode besteht darin, sich eingehender mit sich selbst, dem Kind und den Bedingungen zu beschäftigen". Bei uns traf es sich gut, daß unser Kind offenbar die gleichen Bedürfnisse hatte wie wir selbst, nämlich in unserem Bett zu schlafen. Das scheint vielen Babys zu gefallen, weil sie dort die Geborgenheit haben, die sie brauchen, während die Eltern ihre nächtliche Ruhe finden und in den Genuß kommen, mit dem Kind zusammenzuliegen.

Noch einmal zurück zu den Rat-Schlägen in der Babypflege: Daß man Babys schreien lassen soll, widerspricht nicht nur jedem mütterlichen und auch väterlichen, ich würde sogar sagen jedem menschlichen Gefühl, sondern ist seit kurzem auch wissenschaftlich widerlegt. Der Psychologe Ian St. James-Roberts vom Erziehungswissenschaftlichen Institut der University of London hat in einer Untersuchung festgestellt, daß Säuglinge, deren Bedürfnisse ausgiebig gestillt werden, insgesamt deutlich weniger schreien als solche, denen die Eltern weniger Zeit widmen. Die Neugeborenen, deren Eltern sich nur rund 8,5 Stunden pro Tag mit dem Kind befaßten, weinten und quengelten doppelt so lang wie Kinder, deren Eltern ihre Babys zehn Stunden fütterten, wickelten und herumtrugen. Wenn man die Kleinen schreien läßt, so wurde auch beobachtet, weinen sie um so häufiger und länger.

Wie absurd die Empfehlungen in der Säuglingspflege in den vergangenen Jahrzehnten sein konnten, zeigt eine von Jean Liedloff analysierte Denkrichtung, die sogar empfohlen hat, „das Baby in einem emotionalen Leerraum zu belassen, unberührt, außer im Falle absoluter Notwendigkeit, und auch dann nur, ohne einen Gesichtsausdruck zu zeigen – keine Freude, kein Lächeln, keine Bewunderung, nur ein leeres Starren". Nicht nur, daß man die Kinder auf diese Weise seelisch vergewaltigt und dabei dauerhaft ihre psychische Gesundheit und intellektuelle Entwicklung erheblich beeinträchtigt, die Mutter (und mit ihr meist ebenso der Vater) schadet sich auch selbst.

Intuitiv will die Mutter ihrem Kind alles geben, was es braucht, will es also verwöhnen. Wenn sie irgendwelcher Rat-Schläge oder gesellschaftlicher Erfordernisse wegen versucht, das Kind schon als Baby zu erziehen oder ihren Bedürfnissen anzupassen, wird es zu einem Gegner oder Störfaktor. Das läßt ein sich positiv aufschaukelndes Verhältnis zwischen Mutter und Kind, wie es in Naturgesellschaften üblich ist, nicht entstehen. Ein nicht verwöhntes Baby ist ein mehr oder weniger vernachlässigtes Baby. Es werden sich früher oder später in seiner Entwicklung Probleme zeigen, die seine hoffentlich verantwortungsvollen Eltern dann versuchen werden zu lösen, was aber oft einen großen persönlichen Einsatz und meist auch die Unterstützung professioneller Kräfte erfordert, wodurch entweder für die Eltern oder die Gesellschaft Kosten entstehen. Schon heute ist ein riesiger Reparaturbetrieb notwendig, um die Folgen mütterlicher Versäumnisse in der Kindheit in den Griff zu bekommen. Wenn unsere Gesellschaft in Zukunft die Kleinkinder noch mehr oder noch eher von ihren Müttern trennt, damit diese schon bald nach der Geburt eines Kindes dem Arbeitsmarkt zur Verfügung stehen, werden sich diese Probleme verschärfen.

Aktuell aber besteht genau diese Gefahr. Wenn es nach Politik und Wirtschaft geht, soll die Aufziehung unserer Kinder in

Zukunft vollkommen den Interessen der Wirtschaft unterworfen werden. Die Abnabelung der Kinder von ihren Müttern soll sich demnach nicht nach der Entwicklung und den Bedürfnissen der Kinder richten, sondern wird durch die vermeintlichen arbeitsmarktpolitischen Erfordernisse nach mehr weiblichen Fachkräften und die angeblichen beruflichen Interessen der Frauen bestimmt. Und denen zufolge sollen die Kinder nach dem ersten Lebensjahr von ihren Müttern während des gesamten Tages gewaltsam getrennt werden. In diesem Zusammenhang lohnt sich ein Blick in die feministische Literatur. In dem Buch „War was, Eva?" kritisiert die Autorin Karin Deckenbach, daß von deutschen Medizinern empfohlen wird, aus gesundheitlichen Gründen die Kinder wenigstens sechs Monate lang zu stillen. Viel besser gefällt ihr, daß in französischen Ratgebern den Müttern Tipps gegeben werden, wie sie sich bereits wenige Wochen nach der Geburt von ihrem Kind zu trennen lernen. Da heißt es: „Sie haben gerade nach zehn Wochen Mutterschaftsurlaub Ihre Arbeit wieder aufgenommen. Diese Rückkehr in den Beruf war geplant, Sie haben sie nie in Frage gestellt. Doch jetzt spüren Sie ein bißchen Angst, und Ihr Kleines fehlt Ihnen schrecklich (...). Dramatisieren Sie nicht: Das geht vorbei. Wenn Sie es schaffen, ein bißchen Abstand zu gewinnen und zu erkennen, daß es Ihrem Baby gutgeht und daß es sich gut an seinen neuen Lebensrhythmus gewöhnt, dann werden Sie wieder Boden unter die Füße bekommen." Auch den Franzosen scheint klar zu sein: Kleine Kinder trennen sich nicht gern von ihren Müttern (und meist auch nicht gern von ihren Vätern), und den meisten Müttern fällt es schwer, sich von den Kindern zu lösen. Aber, wie die Historikerin Karen Pfundt in ihrem Buch „Die Kunst, in Deutschland Kinder zu haben" schreibt: „So wie es in Deutschland eine Kultur der engen Mutter-Kind-Bindung gibt, existiert in Frankreich eine regelrechte Kultur der Trennung." Nun sprechen aber, wie wir oben gesehen haben, alle Erkenntnisse aus der Bindungsforschung, der Säuglingsforschung und der neueren Hirnforschung sowie auch die Beobachtungen von Naturgesellschaften für eine enge Bindung zwischen dem Kleinkind und einer festen Bezugsperson, am besten der Mutter oder auch des Vaters. Wir sollten deshalb in Deutschland den Mut haben, in der so wichtigen gesellschaftlichen Frage der Fürsorge und Erziehung unserer Kinder einen eigenen Weg zu gehen. Die frühe Fremdbetreuung von Kleinkindern, wie sie in Frankreich und Schweden praktiziert wird, könnte sich eines Tages auch als Fehlschlag erweisen. Einstweilen genügt mir persönlich die Beobachtung französischer Kinder, die brav und wohlerzogen sind „wie kleine Erwachsene", aber oft auffallend verschüchtert und ernst dreinblicken. Singende, fröhliche kleine Sonnenscheine sieht man selten unter ihnen. In Schweden scheint das ähnlich zu sein, wenn man den Worten der schwedischen Buchautorin Anna Wahlgren glaubt (siehe Interview im Anhang). Und fragt man französische Kinder, wie ich es oft getan habe, ob sie es vorziehen, ganztags in der Schule zu sein oder lieber zu Hause, ist die Antwort eindeutig: zu Hause!

Wenn kleine Kinder in der Anwesenheit ihrer Mutter oder/und ihres Vaters aufwachsen, bedeutet dies übrigens keineswegs, daß sich diese permanent mit ihnen beschäftigen müssen. Je nach Kind dauert es nicht allzulang, bis sich das Kleine von seiner Bezugsperson Stück für Stück abnabelt. Wenn Geschwister oder andere Familienmitglieder oder Freunde vorhanden sind, die Abwechselung und Anregung in das Leben des Kleinkindes bringen, kann die Mutter dadurch erheblich entlastet werden. Sie kann dann zum Beispiel auch – zumindest zeitweise – beruflich arbeiten, wenn ihre Tätigkeit und ihr Arbeitgeber das zulassen. Statt die Kinder zu früh von ihren Müttern (oder Vätern, wenn der Mann den Erziehungsjob übernimmt) zu trennen, sollten wir uns lieber überlegen, wie die Berufsarbeit zu den Müttern gebracht werden kann. Und vielleicht wäre es in Zukunft sogar hier und da möglich, daß Mütter ihre Babys mit zur Arbeit bringen. So wie es in Naturgesellschaften ja auch problemlos funktioniert.

Liebevolle und zärtliche Mütter sind für die gedeihliche Entwicklung der Kinder entscheidend. Aber der Vater ist eine wichtige Drittperson, dessen Bedeutung mit dem Älterwerden des Kindes noch zunimmt. Fällt der Vater aus, kann die Unterstützung der Mutter durch die Großfamilie Schaden vom Kind abwenden. Allein sollte die Mutter auf Dauer ihr Kind nicht erziehen, insbesondere wenn es ein Junge ist. Wenn die Familie ausfällt, sollte sie Hilfe bei anderen Bezugspersonen ihres Kindes suchen, zum Beispiel bei Lehrern, Trainern oder dem Pfarrer. Bei Jungen muß unbedingt darauf geachtet werden, daß ihnen männliche Vorbilder zur Verfügung stehen, an denen sie sich orientieren können (Hillary Clinton führt in ihrem Buch „Eine Welt für Kinder" aus, wie das konkret zu bewerkstelligen ist, ebenso Frank Beuster in „Die Jungenkatastrophe").

Die öffentliche Diskussion zum Thema Kindererziehung krankt schon seit Jahrzehnten daran, die Bedeutung der Erwachsenen für die Entwicklung und Sozialisation der Kinder zu unterschätzen. Immer wieder wird darauf hingewiesen, wie wichtig der Kontakt der Kinder zu Gleichaltrigen ist, um sie für das Leben in der Gemeinschaft zu befähigen. Es steht außer Zweifel, daß Kinder von anderen Kindern wichtige Verhaltensweisen lernen, die ihnen im späteren Leben den Umgang mit anderen erleichtern. Daß diese gegenseitige Erziehung der Jungen und Mädchen aber bei weitem nicht ausreicht, merkt man den Kindern an, deren Fürsorge und Erziehung in der Familie vernachlässigt wird. Manche Erzieherin im Kindergarten und viele Lehrer können ein Lied davon singen, welche Schwierigkeiten diese Kinder in der Schule und in der Klassengemeinschaft haben und anderen machen. Bildung, Kultur und Tradition werden eben in erster Linie von Erwachsenen, hauptsächlich den Eltern, an Kinder vermittelt, denn nur sie verfügen über das entsprechende Wissen. Und wo sich Eltern der Erziehungsaufgabe entziehen oder verweigern, entstehen unweigerlich Defizite.

Erwachsene, insbesondere die Eltern, sind aber nicht nur für die Bildung und Erziehung der Kinder unverzichtbar; sondern auch für ihr Seelenheil. Kinder lieben ihre Eltern, verlangen nach ihnen und vermissen sie, wenn sie zu wenig Zeit für sie haben. Kinder genießen es, mit ihren Eltern zu essen, zu reden, zu spielen, mit ihnen Ausflüge zu machen und den Urlaub zu verbringen. Und vor allem Väter tun das zu selten. In Deutschland jedenfalls wünschen sich viele Kinder, mehr Zeit mit ihrem Vater verbringen zu können. Und ihre Mütter würden viele Kinder auch schmerzlich vermissen, wenn sie nicht mehr ganztags als Vollzeithausfrau oder nachmittags als Teilzeithausfrau für sie da wären. Das bestätigen die Umfragen unter Kindern: Während nämlich acht von zehn westdeutschen Kindern finden, daß ihre Mutter ausreichend Zeit für sie hat, sind es in Ostdeutschland, wo mehr Mütter ganztags erwerbstätig sind, nur zwei von zehn. In diesem Zusammenhang zitiere ich noch einen Leserbrief aus der „Frankfurter Allgemeinen Zeitung" vom 12. Januar 2007, der die Gedanken und Gefühle vieler Kinder ausdrückt. Dort schreibt ein Mädchen zum Leitartikel „Elternwohl und Kindeswohl" (Uta Rasche, 5.1.2007): „Ich bin zehn Jahre alt und habe vier Geschwister zwischen vier und zwölf. Für mich wäre es schrecklich, den ganzen Tag weg zu sein oder auch wenn meine Geschwister immer weg wären (Ganztagsschule, Halbtagsinternat). Ich könnte nichts Wichtiges mit meinen Eltern besprechen, wenn meine Mutter arbeiten würde. Am Abend müßte sie ja schließlich das Essen machen und andere Dinge erledigen. Außerdem müßten wir dann sowieso ins Bett. Sie hätte für uns Kinder keine Zeit mehr. Auch das Spielen mit meinen Geschwistern wäre gestrichen. Es zerstört das Familienleben. Unsere Eltern könnten uns auch nicht soviel erzählen. Sicher finden das andere Kinder auch."

Wir können es drehen und wenden, wie wir wollen: Wir Eltern sind bei unseren Kindern enorm gefragt! Natürlich, je größer die Kinder werden, um so weniger. Jedenfalls im Normalfall. Und selbstverständlich sind auch nicht alle Kinder gleich. Das eine wird schneller selbständig, das andere braucht den Schutz und die Anwesenheit von Vater und Mutter länger. Letztendlich können nur diejenigen, die das Kind sehr gut kennen – und das sind gewöhnlich die Eltern –, beurteilen, wie sich die Situation bei ihrem Kind verhält. Und auf dieser Grundlage können dann Entscheidungen getroffen werden, wie die optimale Betreuung des Kindes aussehen sollte und wie dies mit den Bedürfnissen, Interessen und Anforderungen der Mutter und des Vaters in Einklang zu bringen ist.

6 KINDERGLÜCK HEISST: GESCHÜTZTE FREIHEIT

Ein Bekannter schickte mir vor kurzem eine Ketten-E-Mail aus dem Jahre 2003 von einem unbekannten Autor:

„Wenn du als Kind in den fünfziger, sechziger oder siebziger Jahren lebtest, ist es zurückblickend kaum zu glauben, daß wir solange überleben konnten!

Als Kinder saßen wir in Autos ohne Sicherheitsgurte und ohne Airbags. Unsere Bettchen waren angemalt in strahlenden Farben voller Blei und Cadmium. Die Fläschchen aus der Apotheke konnten wir ohne Schwierigkeiten öffnen, genauso wie die Flasche mit Bleichmittel. Türen und Schränke waren eine ständige Bedrohung für unsere Fingerchen. Auf dem Fahrrad trugen wir nie einen Helm. Wir tranken Wasser aus Wasserhähnen und nicht aus Flaschen. Wir bauten Wagen aus Seifenkisten und entdeckten während der ersten Fahrt den Hang hinunter, daß wir die Bremsen vergessen hatten. Damit kamen wir nach einigen Unfällen klar. Wir verließen morgens das Haus zum Spielen. Wir blieben den ganzen Tag weg und mußten erst zu Hause sein, wenn die Straßenlaternen angingen. Niemand wußte, wo wir waren, und wir hatten nicht mal ein Handy dabei. Wir haben uns geschnitten, brachen Knochen und Zähne, und niemand wurde deswegen verklagt. Es waren eben Unfälle. Niemand hatte Schuld, außer wir selbst. Keiner fragte nach ‚Aufsichtspflicht'. Wir kämpften und schlugen einander manchmal grün und blau. Damit mußten wir leben, denn es interessierte die Erwachsenen nicht. Wir aßen Kekse, Brot mit dick Butter, tranken sehr viel und wurden trotzdem nicht dick. Wir tranken mit unseren Freunden aus einer Flasche und niemand starb an den Folgen. Wir hatten nicht: Playstation, Nintendo 64, X-Box, Videospiele, 64 Fernsehkanäle, Filme auf Video, Surround Sound, eigene Fernseher, Computer, Internet-Chat-Rooms. Wir hatten Freunde!

Wir gingen einfach raus und trafen sie auf der Straße. Oder wir marschierten einfach zu deren Heim und klingelten. Manchmal brauchten wir gar nicht zu klingeln und gingen einfach hinein. Ohne Termin und ohne Wissen unserer gegenseitigen Eltern. Keiner brachte uns und keiner holte uns. Wie war das nur möglich? Wir dachten uns Spiele aus mit Holzstöcken und Tennisbällen. Außerdem aßen wir Würmer. Und die Prophezeiungen trafen nicht ein: Die Würmer lebten nicht in unseren Mägen für immer weiter, und mit den Stöcken stachen wir nicht besonders viele Augen aus. Beim Straßenfußball durfte nur mitmachen, wer gut war. Wer nicht gut war, mußte lernen, mit Enttäuschungen klarzukommen. Manche Schüler waren nicht so schlau wie andere. Sie rasselten durch Prüfungen und wiederholten Klassen. Das führte nicht zu emotionalen Elternabenden oder gar zur Änderung der Leistungsbewertung.

Unsere Taten hatten manchmal Konsequenzen. Das war klar, und keiner konnte sich verstecken. Wenn einer von uns gegen das Gesetz verstoßen hat, war klar, daß die Eltern ihn nicht aus dem Schlamassel heraushauen. Im Gegenteil: Sie waren der gleichen Meinung wie die Polizei! So etwas!

Unsere Generation hat eine Fülle von innovativen Problemlösern und Erfindern mit Risikobereitschaft hervorgebracht. *Wir hatten Freiheit, Mißerfolg, Erfolg und Verantwortung* (Hervorhebung durch C.M.). Mit alldem wußten wir umzugehen."

Meine Kindheit entsprach ziemlich genau dieser Schilderung. Sowohl zu Hause wie in der Öffentlichkeit gab es strenge Regeln, an die man sich selbstverständlich halten mußte. Aber das Reich unserer Freiheit war groß, und wir konnten, abgesehen von unseren schulischen Pflichten, mehr oder weniger tun und lassen, was wir wollten. Die Bewahrung bzw. Wiedererlangung dieser Kindheit (mit der Einschränkung, daß Sicherheitsgurte und Fahrradhelme ruhig sein können) macht auch heute unsere Kinder glücklich bzw. würde sie glücklicher machen. Sie hätte auch den Vorteil, die gesunden, leistungsfähigen und sozial eingestellten Menschen hervorzubringen, die wir in Zukunft benötigen. Und mehr Freiheit für die Kinder bedeutet übrigens auch Entlastung für die Erwachsenen. Früher mußten und haben sich die meisten Eltern tagsüber kaum um die Kinder gekümmert. Nur: Wenn sie gebraucht wurden, waren sie da. Das kam selten vor, war für die Kinder aber wichtig.

Heute haben sich die Bedingungen für das Aufwachsen der Kinder im Verhältnis zu den fünfziger oder sechziger Jahren teilweise erheblich verschlechtert. Und auch für die Eltern ist es heute viel schwieriger, ihre Kinder wohlbehalten durch die Kindheit zu bringen und gut auf ihr Erwachsenenleben vorzubereiten. Zum einen sind die Ansprüche hinsichtlich der Fürsorge, Bildung und Erziehung der Kinder gewachsen, zum anderen sind die Kinder heute erheblichen Gefahren ausgesetzt, die es früher nicht gab: allen voran ein unkontrollierter Medienkonsum, dem vor allem Jungen, aber in letzter Zeit auch zusehends Mädchen verfallen.

Mir scheint, die deutschen Eltern und die deutsche Gesellschaft insgesamt haben die schädliche Wirkung der Medien auf die Kinder und Jugendlichen noch immer nicht ausreichend erkannt. Medienkonsum, insbesondere unmittelbar nach der Schule, überlagert den schulischen Lernstoff, wodurch es zu einer Verdrängung des Gelernten kommt. Das heißt: Wenn wir die Kinder schon mittags fernsehen lassen, können die letzten Schulstunden eigentlich eingespart werden. Abgesehen davon, daß Kinder, die zuviel Zeit mit Fernsehen, Computerspielen und Internet verbringen, sich zu wenig bewegen, oft zu dick sind und motorische Probleme haben, unter Umständen auch aggressiv und gewalttätig sind, schlägt vor allem etwas zu Buche, was in der öffentlichen Diskussion zu wenig Beachtung findet, und das ist die Verschwendung der Zeit. Wer mit dem Konsum von Medien beschäftigt ist, verliert Zeit für Spiel und Sport, lesen und musizieren, sich mit Freunden zu treffen und etwas mit ihnen zusammen zu unternehmen. In vielen Familien herrscht heute eine mehr oder weniger große Kommunikationslosigkeit, weil die vorrangige Freizeitbeschäftigung von Eltern und Kindern das gemeinsame Fernsehschauen ist.

Aber auch wenn Eltern problembewußt sind, ist es nicht einfach, den Medienkonsum ihrer Kinder zu begrenzen. In den meisten Familien herrscht ja ein liberales Klima: Deshalb sind die Eltern immer wieder irgendwelchen Diskussionen ausgeliefert, ob die Kinder nicht bitte und ausnahmsweise heute doch einmal diesen und jenen Film gucken dürfen.

Aus Sicht der Eltern und auch aus der unserer Gesellschaft sehe ich deshalb keinen Sinn darin, daß den Kindern während des gesamten Tages spezielle Fernsehprogramme angeboten werden. Das macht uns Eltern (außer denen, die das Fernsehen als billiges Kindermädchen verwenden) doch nur das Leben schwer. Denn wir müssen dauernd kontrollieren, ob und wie lange unsere Kinder fernsehen, oder wir müssen uns ein Lamento anhören, wenn sie nicht vor dem Apparat sitzen dürfen. Gäbe es tagsüber keine Fernsehprogramme, wäre das für uns Eltern eine große Erleichterung. Aber es gibt leider zu viele Erwachsene, die selber schon während des Tages das Gerät einstellen wollen, als daß die vor- und nachmittägliche Fernsehfreiheit durchzusetzen wäre. Die Interessen der Medienwirtschaft und der Wirtschaft allgemein, die ihre Werbung plazieren will, stehen dem natürlich auch entgegen.

Aber gäbe es bis 18 Uhr wenigstens keine Kinderprogramme, wäre uns auch schon geholfen. Denn, so weit ich es beobachtet habe, richtet sich das kindliche Interesse doch hauptsächlich auf die für die Kleinen vorgesehenen Programme. Erwachsenen-Fernsehen langweilt viele Kinder, manche schreckt es sogar ab. Man müßte nur bei einer Minderheit befürchten, daß sie im Falle der Abschaffung des Kinderprogramms tagsüber auf das Erwachsenenfernsehen umsteigt. Um unserem Nachwuchs die Kindheit zurückzubringen und uns Eltern das Leben zu erleichtern, sollten wir deshalb dafür kämpfen, daß unsere Sprößlinge nur am Abend und dann zeitlich beschränkt und inhaltlich ausgewählt fernsehen können.

Und, ob Killerspiele nun Aggression und Gewalt fördern oder nicht: Einen großen Nutzen beinhalten sie nicht, und die mit ihnen verschwendete Zeit kann man sinnvoller verbringen. Wenn deshalb zirka zwei Drittel der deutschen Bevölkerung dafür sind, diese Spiele zu verbieten, sollte sich die Politik diesem Wunsch nicht verschließen.

Um den Medienkonsum zu begrenzen, müssen Kinder anderweitig beschäftigt werden, mit Sport, Musik, Theaterspielen, Ausflügen und Spielen im Freien. Dafür braucht man natürlich eine entsprechende Infrastruktur.

Da in den nächsten Jahrzehnten die Bevölkerung abnimmt, eröffnen sich im Städtebau neue Möglichkeiten, eine kinderfreundliche Umwelt zu schaffen. Familien könnten in die Stadt zurückgeholt werden, wenn man ihnen bezahlbare Stadthäuser mit einem kleinen Garten anbietet oder schöne (Mehrgenerationen-)Wohnanlagen mit gartenähnlichen Innenhöfen, kleinem Spielplatz und Spielhäuschen für die Kinder. Wohngebiete sollten hinsichtlich der sozialen Schichtung durchmischter sein als heute. Ausländerghettos, Asozialenghettos, Kleinbürgerghettos oder Reichenghettos führen zu einer unnötigen Separierung und Trennung und wirken dem sozialen Zusammenhalt in der Gesellschaft entgegen. Das räumliche Zusammenleben dagegen vermindert automatisch die Fremdheit zwischen unterschiedlichen Kulturen und sozialen Schichten und fördert dadurch das Verständnis und den Zusammenhalt. Für die Kinder wäre das besonders wichtig, insbesondere für diejenigen aus benachteiligten Familien, aber auch für so manches verwöhnte Einzelkind aus bürgerlichem Hause.

Ein durchmischtes Wohngebiet, in dem auch verschiedene Kulturen aufeinandertreffen, hilft aber nichts, wenn sich seine Bewohner abschotten oder wenn die Kinder wegen des Verkehrs nicht rausgehen dürfen. Die zweite städtebauliche Maßnahme, die vor allem Großstädte kindersicherer und damit kinderfreundlicher machen würde, wäre die Schaffung ausreichender verkehrsberuhigter Zonen.

Außerdem brauchen Kinder Parks, Spielplätze, ein kleines Wäldchen und/oder wilde Wiesen, Bäche oder kleine Teiche: Dort können sie laufen, springen, klettern, im Matsch spielen, Pflanzen und Tiere kennenlernen. Sportanlagen sind besonders für größere Kinder notwendig: Schwimmbäder, Bolzplätze, Skateboard-Anlagen. Wichtiger als die perfekte Anlage auf dem neuesten Stand ist die Nähe der Einrichtungen, damit die Kinder allein dorthingehen oder mit dem Fahrrad hinfahren können, ohne die Fahrdienste ihrer Eltern in Anspruch zu nehmen. Kulturelle und andere Freizeitaktivitäten für Kinder und Jugendliche könnten auch gut in den Schulen angeboten werden. Fast überall gibt es in erreichbarer Nähe von Kindern eine solche. Da würde es sich doch eigentlich anbieten, dort Bibliotheken, Musikräume, Kunsträume, Cafés und Treffpunkte für Kinder und Jugendliche einzurichten, die diese auch nachmittags nutzen können, wenn sie Lust dazu haben.

Jugendlichen sollte man auch Arbeitsangebote unterbreiten. Ich halte das aus mehreren Gründen für wichtig. Erstens gibt es Jugendliche, welche die schulischen Herausforderungen nicht auslasten; es will ja auch nicht jeder ein Einser-Zeugnis. Und es ist auch nicht jeder an Literatur, Musik, Sport oder sonst einer Freizeitgestaltung interessiert. Besonders vor Gesundheit und Energie strotzende, unausgelastete größere Jungen wissen dann nicht, wohin mit ihrer Kraft und können allerlei Unsinn anstellen. Das reicht vom Herumlungern und nächtlichen Streifzügen mit übermäßigem Genuß von Alkohol oder Drogen bis hin zu kriminellen Handlungen.

Man könnte doch zum Beispiel Jugendliche ihr Taschengeld selbst verdienen lassen, damit sie wissen, daß man im Leben arbeiten muß, und was es bedeutet, tätig zu sein. Außerdem wäre ihnen auf diese Weise zu vermitteln, daß sie gebraucht werden, daß sie für unsere Gesellschaft wichtig sind und daß wir Erwachsene ihnen und ihrem Fortkommen nicht gleichgültig gegenüberstehen, sondern eine hohe Bedeutung beimessen. Nach Möglichkeit sollte die Arbeit von Jugendlichen mit einer gewissen Qualifikation verbunden sein. Das hätte den Vorteil, daß die Jugendlichen nicht nur Schulwissen vermittelt bekommen, dessen Sinn ihnen nicht immer einsichtig ist, sondern auch Wissen, das sie in der Praxis einsetzen können. Das würde das Selbstbewußtsein gerade der Jugendlichen fördern, denen das Erlernen theoretischen Wissens in der Schule etwas schwerer fällt.

7
KINDER HABEN KEINE GLEICHEN RECHTE, SONDERN ANDERE RECHTE

Wenn wir nach wie vor anerkennen, daß die Kindheit und Jugend eine eigenständige Lebensphase ist, die sich vom Erwachsensein erheblich unterscheidet, müssen wir auch akzeptieren, daß es ganz spezielle Kinder- und Jugendrechte gibt (siehe auch Anhang 1). Im Interesse des Kindes können diese Rechte nicht dem vollen Umfang der Rechte Erwachsener entsprechen, andererseits bedarf der besondere Schutz der Kinder zusätzlicher Rechte.

Man kann es auf die kurze Formel bringen: Jedes Kind hat das Recht, verwöhnt zu werden. Ich möchte das zunächst moralisch begründen:

Bei einem kleinen Konflikt erklärte mir kürzlich unser Sohn, daß ich an all dem Aufwand, den ich für ihn betriebe, selbst schuld sei, denn er „habe mich ja schließlich nicht gebeten, ihn auf die Welt zu bringen". Schon Immanuel Kant wies angesichts der Tatsache, daß das Leben auf den Tod zueile und bis dahin in der Regel einiges Leid in sich trage, darauf hin, daß jede Zeugung eines Menschen ein moralisch höchst prekärer Akt sei. Denn durch die Zeugung haben wir „eine Person ohne ihre Einwilligung auf die Welt gesetzt und eigenmächtig in sie herübergebracht (...); für welche That auf die Eltern nun auch eine Verbindlichkeit haftet, sie, so viel in ihren Kräften steht, mit diesem ihrem Zustande zufrieden zu machen."

Gerade Mütter fühlen sich wahrscheinlich aus dieser Verpflichtung heraus oft ein Leben lang für das Glück ihrer Kinder verantwortlich. Wenigstens solange das Kind in ihrer Obhut ist, wollen sie es möglichst glücklich machen. Und das ist auch gut so. Das bedeutet keineswegs, daß das Kind alles bekommt, was es will. Es bedeutet aber schon, daß das Kind nach Möglichkeit alles bekommen soll, was gut für es ist. Verwöhnen und erziehen sind zwei Seiten einer Medaille. Wer verwöhnt, kann auch mal nein sagen und darf dies auch, sogar aus Sicht der Kinder. Schließlich können Kinder ja nicht tun und lassen, was sie wollen. Sie müssen sich in die familiäre und soziale Gemeinschaft einfügen. Und so wie sich ihre Rechte, insbesondere ihr Recht auf Freiheit und Mitbestimmung, mit zunehmendem Alter erweitern, müssen ihnen auch zunehmend Verantwortung und Pflichten übertragen werden. Und das eine und das andere müssen einander entsprechen: Das Kind oder der Jugendliche kann nicht verlangen, gegen den Willen der Eltern oder auch der Gesellschaft etwas zu tun, wenn diese dann im Falle des Mißlingens dafür die Verantwortung tragen müssen. Da Kinder und Jugendliche aber nun einmal aufgrund ihrer körperlichen, geistigen und seelischen Reife nicht in der Lage sind, für bestimmte Dinge die volle Verantwortung zu übernehmen, muß ihre Freiheit notwendigerweise beschränkt werden. Natürlich nach dem Motto: Soviel Freiheit wie möglich, soviel Grenzziehung wie nötig. Bei dem Maß an Freiheit, das wir den Kindern gewähren, ist zu berücksichtigen, inwieweit sie in der Lage sind, für ihr Handeln die Verantwortung zu übernehmen. Und diese Eigenverantwortung muß dann auch von den Erwachsenen eingefordert werden, da die Kinder sonst nicht lernen, für ihre Taten und deren Folgen einzustehen. Angesichts der zunehmenden Verantwortungslosigkeit in unserer Gesellschaft, die sich auch darin äußert, daß Kinder ungewollt oder aus purem Egoismus in die Welt gesetzt werden, für deren Fürsorge und Erziehung man im Anschluß keine Verantwortung übernimmt, scheint die Vermittlung des Zusammenhangs von Freiheit und Verantwortung von besonderer Bedeutung zu sein.

Was die Grenzziehungen gegenüber Kindern betrifft, so sollten sie von klein auf uneingeschränkt durchgesetzt und durchgehalten werden, bis die Kinder auch existentiell auf eigenen Füßen stehen. Mit einem zu hohen Maß an Liberalität tut man den Kindern keinen Gefallen. Wenn sie klein sind, überfordert zuviel Wahl- und Entscheidungsfreiheit die Kinder oft („Mama, muß ich heute schon wieder machen, was ich will?"), und es fehlt ihnen an Orientierung und auch Anregung.

Wenn die Kinder älter werden und sich nicht an Regeln halten bzw. nicht für ihr Handeln zur Verantwortung gezogen werden, laufen sie Gefahr, über kurz oder lang mit der Gesellschaft, schlimmstenfalls mit dem Gesetz in Konflikt zu geraten. Wie schwierig die Resozialisierung von mehr oder weniger asozialen Menschen (ob Kriminelle, Süchtige, manische Egozentriker o.a.) ist, wissen wir. Und auch, daß sie viel kostet, wenn sie überhaupt erfolgreich ist. Am ärgsten aber sind die Betroffenen selbst dran: Denn sie sind ja mehr Opfer als Täter. Wenn ihnen in der Kindheit bestimmte Werte und ein bestimmtes Verhalten nicht vermittelt wurden und „in Fleisch und Blut übergegangen sind", werden sie von der Mehrheitsgesellschaft ausgeschlossen und damit einer guten Existenz und eines glücklichen Lebens beraubt.

Wir brauchen deshalb mehr Mut zur Erziehung. Dazu gehört nicht nur, daß wir erziehen wollen, sondern auch, daß wir unsere Erziehungsziele tatsächlich durchsetzen. Bürgerliche Werte wie Ehrlichkeit, Wahrhaftigkeit, Fairneß, Eigenverantwortung und Verantwortung für die Gemeinschaft, Respekt vor anderen Menschen, Rücksicht, Mitgefühl und Herzensbildung, aber auch Höflichkeit, gutes Benehmen, Pünktlichkeit, Ordnung, Fleiß, Sparsamkeit, Selbstbeherrschung und Selbstdisziplin müssen gerade im Interesse der Mädchen und Jungen vermittelt werden, die in weniger privilegierten Elternhäusern bisher keine Anleitung erhielten. Mit Autorität und Strenge, aber getragen von Wohlwollen oder sogar Liebe, kann vielen dieser Jugendlichen besser geholfen werden als mit interesselosem Mitleid. Ein deutliches „Nein" ist für Kinder meist viel besser zu verkraften als ein „Ist mir doch egal". Ein „Nein", insbesondere wenn es von einer Erklärung begleitet wird, signalisiert dem Kind nämlich: „Es ist mir nicht gleichgültig, was du tust oder nicht tust. Deine Entwicklung ist mir wichtig. Du bist uns nicht egal."

Und dieses „Nein" bringt nicht nur Wohlverhalten, sondern auch bessere Leistungen, zum Beispiel in der Schule. Natürlich lernen Kinder am besten, wenn sie gelobt und motiviert werden. Ein autoritäres, strenges Verhalten des Erziehungs- und Lehrpersonals bringt auch noch passable Ergebnisse hervor. Am schlechtesten aber schneiden Kinder ab, wenn ihnen mit Gleichgültigkeit begegnet wird. Klar. Weil sie denken, ich bin den Erwachsenen ja sowieso egal.

Jedem Kind sollte von seiner gesamten Umgebung – Elternhaus, Kindergarten, Schule, Kirche, Nachbarschaft – vermittelt werden: Du bist wichtig, und deine Entwicklung interessiert uns alle. (Sogar für Kinderlose kann es bereichernd sein, wenn sie sich an dieser Aufgabe beteiligen.) Gleichzeitig darf das Kind aber nicht auf ein Podest erhoben werden, wie es heute in vielen Familien geschieht. Das führt zu einem zu hohen Anspruchsdenken der Kinder einerseits und einer unzutreffenden Einschätzung ihrer eigenen Fähigkeit andererseits (schon heute beklagen sich mehr und mehr Personalchefs darüber, daß Mitarbeiter ihre Fähigkeiten überschätzen). Spätestens wenn man in den Beruf eintritt oder einen Lebenspartner sucht, wird man dann von der Realität eingeholt, daß man nicht alles haben kann und nicht alles im Leben so läuft, wie man es gern hätte und bisher auch gewöhnt war. Der Fall vom Podest kann dann für manchen sehr tief sein.

Für Kinder muß deshalb klar sein: Zu Hause, in der Schule, in Vereinen und der Nachbarschaft müssen sie die geltenden Regeln respektieren und gewissen Anforderungen standhalten. Das kann auch Spaß machen, manchmal allerdings muß man sich einfach disziplinieren. Dafür erhalten sie von den Erwachsenen besonderen Schutz und Fürsorge, werden sogar verwöhnt. Und es wird ihnen genug Freizeit und Freiraum gewährt, in der sie sorglos, unbeschwert und frei tun und lassen können, was sie wollen.

8 DAS PRINZIP DER GLEICHWÜRDIGKEIT

Wenn wir die speziellen Rechte und damit das Wohl der Kinder im Auge haben, was bedeutet das nun für das Zusammenleben in der Familie?

Ein demokratisches Verständnis von Familie und meines Erachtens auch das glückliche Leben in einer Familie erfordern es, daß nicht wie in der Politik nach dem Mehrheitsprinzip entschieden wird, sondern daß zwischen den Wünschen und Bedürfnissen aller Familienmitglieder ein Ausgleich gefunden wird, der niemanden bevorteilt oder benachteiligt. Der dänische Familienexperte Jesper Juul hat dafür den Ausdruck „Gleichwürdigkeit" geprägt, den er wie folgt beschreibt: „Gleichwürdigkeit bedeutet weder Ebenbürtigkeit noch Gleichheit (...). Gleichwürdigkeit bedeutet nach meinem Verständnis sowohl ‚von gleichem Wert' (als Mensch) als auch ‚mit demselben Respekt gegenüber der persönlichen Würde und Integrität des Partners'. In einer gleichwürdigen Beziehung werden die Wünsche, Anschauungen und Bedürfnisse beider Partner gleich ernstgenommen und nicht mit dem Hinweis auf Geschlecht, Alter oder Behinderung abgetan oder ignoriert. Gleichwürdigkeit wird damit dem fundamentalen Bedürfnis aller Menschen gerecht, gesehen, gehört und als Individuum ernstgenommen zu werden."

Juul schreibt weiter: „Damit ist Gleichwürdigkeit die einzige vernünftige Alternative zum überkommenen patriarchalischen Familienmodell mit seiner klaren Hierarchie (...). Denn daß die demokratischen Werte eine Zeitlang als brauchbare Alternative zu diesem aufgeklärten Absolutismus der Familien betrachtet wurde, war ein Irrtum. Die demokratischen Werte bilden zwar eine Art Resonanzboden für menschliche Beziehungen, doch regeln sie ausschließlich die Verteilung der Macht und tragen weder den Gefühlen noch der Fürsorge Rechnung, die der Familie ihre Bedeutung verleihen. In der Gesellschaft hat die Mehrheit die Macht, und die Fürsorgeaufgaben (Sozial- und Gesundheitssektor) haben einen deutlich niedrigeren Stellenwert als die Versorgungsaufgaben (Erwerbsleben). In der Familie muß im selben Maße auf die Minderheit geachtet werden. Umgekehrt kann eine Familie nicht funktionieren, wenn die Macht an die Mehrheit delegiert wird – vor allem nicht, wenn die Kinder die Mehrheit bilden. In einer Familie liegt die Macht in den Händen der Eltern – sowohl die konkrete ökonomische als auch die soziale Macht, insbesondere aber die psychologische Macht, das heißt die Verantwortung für den Umgangston, die Stimmung, die Atmosphäre. In einer Familie, in der diese Verantwortung den Kindern überlassen wird, entwickeln sich deren Mitglieder schlecht.

Moderne Eltern fühlen sich oft unwohl bei dem Gedanken, Macht über ihre Kinder zu besitzen, und scheuen sich daher, von ihr Gebrauch zu machen – mit unglückseligen Folgen. Kinder kommen gewiß mit großer Weisheit, doch ohne Erfahrung auf die Welt, und sie bedürfen der Autorität und Führungskraft der Erwachsenen (...). Die Frage ist daher nicht, *ob* die Erwachsenen die Macht besitzen, sondern *wie* sie diese zu nutzen gedenken, und an dieser Stelle erweist sich die Gleichwürdigkeit als die konstruktivste aller Wertvorstellungen. Wer seine Familienmitglieder gleichwürdig behandelt, entscheidet nicht über ihre Köpfe hinweg, bevormundet nicht, unterdrückt nicht, macht niemanden lächerlich, doch mit Nettigkeit oder Gelassenheit hat dies nichts zu tun. Wir können andere ohne weiteres gleichwürdig behandeln, auch wenn wir wütend oder unglücklich sind. Nur zwei Gefühle sind es, die uns daran hindern, Gleichwürdigkeit zu praktizieren, und zwar (unsere eigene) Abscheu und Verachtung" (Jesper Juul: „Was Familien trägt", München 2006, S.24ff).

Wenn wir von Beginn des werdenden Lebens im Mutterleib an versuchen, den Bedürfnissen und Erfordernissen des Kindes Rechnung zu tragen, vor allem seiner Gesundheit, dann muß es einen Interessenausgleich zwischen Kind, Mutter und Vater geben. Wenn die werdende Mutter zum Beispiel eine starke Raucherin ist und auch in der Schwangerschaft an ihrer Sucht festhält, werden die natürlichen Bedürfnisse des Kindes ignoriert und sein Recht auf körperliche Unversehrtheit unterdrückt (gleiches gilt natürlich

70

für den Vater). Wenn das Baby auf der Welt ist und sich nach dem Schutz, der Sicherheit und Wärme des mütterlichen (oder ersatzweise väterlichen) Körpers sehnt, Mutter und Vater sich ihm aber entziehen, findet Unterdrückung statt. Ebenso natürlich, wenn Mütter oder Väter ihren zehnjährigen Sohn liebkosen, vielleicht möglichst noch vor seinen Freunden, obwohl dieser gerade eine Phase der Abnabelung durchläuft, in der er beweisen muß, daß er kein Baby mehr ist, sondern ein großer, und zwar total cooler Junge. Und so weiter und so weiter ...

Aber man kann heutzutage auch oft beobachten, daß Eltern ihr Kind in den Mittelpunkt der Familie stellen und es zulassen, von ihren Kindern terrorisiert zu werden. Mit schlimmen Auswirkungen: Frustration und Genervtheit auf seiten der Eltern und auch der Kinder, die ohne unsere Führung nicht auskommen. Jean Liedloff meint bereits bei Babys, um die sich alles dreht, Langeweile und Frustration erkennen zu können. Denn „ein Säugling hat das Bedürfnis, sich mitten im Leben eines aktiven Menschen zu befinden, bei ständigem Körperkontakt und angeregt durch sehr viele Erfahrungen der Art, wie sie später Teil seines Lebens sein werden. Die Rolle eines Babys ist passiv, wobei alle seine Sinne wachsam sind. Gelegentlich genießt es direkte Aufmerksamkeit: Küsse, Kitzeln, In-die-Luft-geworfen-Werden usw. Doch sein hauptsächliches Geschäft besteht darin, die Handlungen, Interaktionen und Umgebungen der Erwachsenen bzw. Kinder, die sich um es kümmern, zu beobachten (...). Wenn man diesen machtvollen Drang stört, indem man ein Baby gewissermaßen fragend anblickt, wenn man von ihm fragend angeblickt wird, so schafft man tiefe Frustration: Sein Geist wird blockiert (Jean Liedloff: Auf der Suche nach dem verlorenen Glück, S. 213 f.).

Und auch später, bis zum endgültigen Erwachsenwerden und Für-sich-selbst-die-Verantwortung-Übernehmen, bedarf das Kind bzw. der Jugendliche der Führung durch die Erwachsenen. Dazu noch einmal Jean Liedloff: „Später gehören dann zu den am meisten verbitterten und ‚widerspenstigen' Kindern solche, deren unsoziales Benehmen eine Bitte ist, man möge ihnen kooperatives Verhalten beibringen. Durch Verwöhnung werden den Kindern konstant die Beispiele eines erwachsenen-zentrierten

Lebens vorenthalten, wo sie den Ort, den sie suchen, in einer naturgemäßen Hierarchie von mehr oder weniger bewußten Erfahrungen finden könnten und wo ihre *erwünschten Handlungen* akzeptiert, die *unerwünschten Handlungen* abgelehnt werden, während *sie selbst* sich immer akzeptiert wissen (Hervorhebung C. M.). Kinder brauchen das Gefühl, daß man sie ihrer Natur nach für soziale Menschen mit guten Absichten hält, die sich bemühen, das Richtige zu tun, und sie erwarten ein zuverlässiges Verhalten der Älteren als Orientierung (...). In Extremfällen, wenn die Eltern – oftmals solche, die erst in späten Jahren ihr erstes Kind bekamen – in ihre kleinen Lieblinge so vernarrt sind, daß sie nie einen erkennbaren Unterschied zwischen gutem und schlechtem Verhalten machen, sind die Kinder fast außer sich vor Frustration." Und frustrierte Kinder können für ihre Eltern, Erzieher, Lehrer und oft sogar für die Mitschüler und Freunde ganz schön unausstehlich und nervtötend sein. Das führt zu Ablehnung und erneuten Frustrationen des Kindes.

Noch einmal zurück zum Thema Gleichwürdigkeit und Interessenausgleich in der Familie: Je größer die Kinder sind, um so besser können sie ihre Bedürfnisse und Interessen selbst formulieren und einfordern. Dann kommt es nur noch darauf an, zwischen allen Familienmitgliedern einen fairen Ausgleich zu finden.

Voraussetzung dafür ist natürlich, daß die Kinder auch wirklich an allen wichtigen Entscheidungen teilhaben können. Jesper Juul schlägt vor, Kinder in den Entscheidungsprozeß einzubeziehen, wenn „die Entscheidung große Auswirkungen auf ihr Leben hat. Zum Beispiel:

– Auf welche Schule sollen die Kinder gehen?

– Sollen Vater und Mutter das Angebot annehmen, beruflich für vier Jahre ins Ausland zu gehen; und wenn ja, soll die ganze Familie mit umziehen?

– Soll ein Elternteil seine Arbeitszeit reduzieren, um sich mehr um die Kinder kümmern zu können?

– Ein Elternteil will sich beruflich fortbilden, was mit einem erheblichen zeitlichen und finanziellen Aufwand verbunden ist.

– Der Vater möchte ein weiteres Kind, die Mutter ist sich nicht sicher ...

– Der Schulpsychologe meint, daß bei unserem Sohn eine ernste Störung vorliegt. Was sollen wir tun?
– Wir haben beschlossen, uns scheiden zu lassen. Was geschieht mit den Kindern?"

In bezug auf die letzte Frage halte ich es übrigens für nicht dem Prinzip der Gleichwürdigkeit entsprechend, wenn die Eltern die Kinder hinsichtlich der Frage, *ob* sie sich scheiden lassen, vor vollendete Tatsachen stellen. Wenn jedes einzelne Kind genauso wichtig genommen wird wie Vater und Mutter, müssen die Kinder auch bei der Erörterung der Frage, ob eine Trennung der Eltern wirklich unausweichlich ist, einbezogen werden. Denn unabhängig davon, wie die Kinder im Falle der Scheidung der Eltern versorgt werden, bedeutet allein ihre Trennung einen derart tiefen Einschnitt in ihr Leben, daß ihre Nichtbeteiligung an der Entscheidung einer massiven Unterdrückung gleichkommt.

Wie sieht es nun mit der Gleichwürdigkeit aus, wenn die Kinder noch zu klein sind, um ihre Wünsche zu artikulieren und ihre Interessen zu vertreten? In diesen Fällen bedarf es zunächst der Bereitschaft von Vater und Mutter, die Bedürfnisse des Kindes wahrzunehmen und sie dann soweit wie möglich zu erfüllen. Ich möchte an einem Beispiel verdeutlichen, wann gegen dieses Prinzip verstoßen wird:

Heute trifft man vielfach auf werdende Mütter, die erklären, daß sie ein Jahr nach der Geburt ihres Kindes oder manchmal sogar schon früher wieder in ihren Beruf zurückkehren werden oder zumindest wollen. Bei dieser Entscheidung findet das Bedürfnis des Kindes keine Berücksichtigung. Denn die Mutter kann ja noch gar nicht wissen, ob ihr Kind ihre Anwesenheit wünscht oder gar braucht oder nicht. Aller Erfahrung nach (siehe Kapitel 6) stellt es für die meisten Kleinkinder ein (massives) Problem dar, sich längere Zeit von seiner Bezugsperson, die meist die Mutter ist, zu trennen. Wenn nun eine Mutter schon vor der Geburt beschließt, ihr Kind relativ bald nach der Geburt in eine Fremdbetreuung zu geben, kommt dies in aller Regel einer Unterdrückung des Kindes gleich. Die Wünsche und Bedürfnisse des Kindes werden in diesem Fall nicht den Wünschen und Bedürfnissen der Mutter gleichgestellt. Die Mutter – und eigentlich auch der Vater – unterwirft ihr Kind ihren Bedürfnissen, das Kind muß sich fügen. (In diesem Zusammenhang möchte ich darauf hinweisen, daß nach dem Soziologen Abraham H. Maslow in der Bedürfnispyramide die Kategorie Sicherheit/Geborgenheit [hier des Kindes] weit vor dem Bedürfnis nach Selbstverwirklichung [der Mutter oder des Vaters] rangiert. Das bedeutet, daß Elternteile, die nicht aus finanzieller Notwendigkeit erwerbstätig sind, ihr eher „unwichtiges Bedürfnis" nach Verwirklichung ihres Lebensmodells über das existentielle Bedürfnis des Kindes nach Schutz und Sicherheit stellen. Da wird – oft auf brutale Weise – Macht ausgeübt über kleine Wesen, die sich nicht wirklich wehren können und die man angeblich liebt.)

Nach meiner Beobachtung leisten die meisten kleinen Kinder Widerstand, wenn sie von Vater oder Mutter getrennt werden: Sie schreien und strecken die Ärmchen nach ihrer Mutter aus, wenn sie in der Krippe oder im Kindergarten abgegeben werden. Spätestens dann sollten die Eltern noch einmal überdenken, ob die Trennung von ihrem Kind wirklich unausweichlich ist oder ob die Mutter oder vielleicht auch der Vater des Kindes ihre Berufstätigkeit nicht so organisieren können, daß das Kind eine ausreichende elterliche Zuwendung erhält.

Für Eltern kleiner Kinder ist nicht nur die Bereitschaft, die Bedürfnisse ihrer Kinder zu erfüllen, wichtig – die war zumindest bisher und ist hoffentlich auch noch in Zukunft bei den meisten Eltern ohnehin vorhanden –; noch viel bedeutsamer, aber auch ungleich schwieriger ist es, die Wünsche und Bedürfnisse der Kleinen überhaupt zu erkennen. Das gilt natürlich insbesondere für Babys, die als Mittel ihrer Artikulation kaum über mehr als das Schreien verfügen. Es bedarf eines erheblichen erzieherischen Geschicks und eines hohen Maßes an Erfahrung oder auch Sensibilität der Eltern, herauszufinden, was ihrem Kind mißfällt. Da jedes Kind anders ist, gibt es keine allgemeingültigen Regeln für das elterliche Verhalten, sondern nur Richtlinien, von denen im Bedarfsfall auch mal abgewichen werden kann. Ob sich Eltern richtig verhalten, können sie an der Verfassung des Kindes erkennen. Sie müssen es nur immer wieder genau beobachten. Ist es gesund und fröhlich, gibt es keinen Grund, das Verhalten zu ändern. Hat es körperliche Beschwerden, ist es traurig oder aggressiv, besteht Handlungsbedarf. Aber nicht nur das Kind soll sich wohlfühlen, sondern auch seine Mutter, sein Vater und seine Geschwister. Das bedeutet für das familiäre Zusammenleben: Jeder muß Kompromisse machen. Wenn ein Elternpaar zum Beispiel beschlossen hat, daß die Mutter nach der Geburt des Kindes drei Jahre zu Hause bleibt, sie dann aber Depressionen bekommt, weil ihr „die Decke auf den Kopf fällt", muß – auch im Interesse des Kindes, denn eine unglückliche Mutter kann keine gute Mutter sein – dringend Abhilfe geschaffen werden. Ob eine Entlastung der Mutter durch den Ehemann, der seine Arbeitszeit reduziert, durch eine Oma, eine Tagesmutter oder eine öffentliche Betreuungseinrichtung erfolgt, muß jede Familie ihren Möglichkeiten entsprechend selbst entscheiden. Dabei ist genauestens abzuwägen, was dem Kind, der Mutter und dem Vater zugemutet werden kann.

Welche Auswirkungen hat das Prinzip der Gleichwürdigkeit nun hinsichtlich der Vereinbarkeit von Beruf und Familie?

Wenn eine Familie nur ein Kind hat, läßt es sich mit der Fürsorge und Erziehung des Kindes gut vereinbaren, wenn nach einer zwei- bis dreijährigen Babypause die Mutter oder der Vater wieder eine Teilzeitbeschäftigung aufnimmt, die im Laufe des Heranwachsens des Kindes dann stückweise ausgeweitet werden kann. Wie sieht es aber aus, wenn sich die Familie zwei, drei oder gar vier Kinder oder noch mehr wünscht? Dann summieren sich die Babyzeiten unter Umständen auf sechs, neun oder zwölf Jahre. Die mit den Kindern verbundene Hausarbeit und auch die Erziehungsarbeit wachsen entsprechend der Kinderzahl und sind neben einer Vollzeit-Erwerbstätigkeit kaum zu bewältigen, neben einem Teilzeitjob auch nur bedingt. Das tägliche Leben läßt sich unter diesen Umständen vielleicht noch organisieren, insbesondere wenn man sich Hilfspersonal leisten kann. Was aber auf der Strecke bleibt, ist der Schutz und die Wärme eines gemütlichen Heimes, in dem genug Zeit und Kraft für das *Zusammenleben* in der Familie vorhanden ist: für die Zubereitung guten Essens und regelmäßige gemeinsame Mahlzeiten, für das Miteinander-Reden außerhalb der Klärung organisatorischer Fragen, für gemeinsamen Sport, für Spielen und Musizieren, Geselligkeit mit Freunden und Bekannten, für eine Lebenskultur, die Gastfreundschaft gegenüber Erwachsenen und Kindern mit einschließt.

Dies alles ist nur möglich, wenn wenigstens ein Familienmitglied bereit ist, seine Erwerbsarbeitszeit zu reduzieren oder den Beruf zumindest eine gewisse Zeit lang ganz aufzugeben. Dafür brauchen wir Hausfrauen und Hausmänner. Damit in Zukunft aber genug Männer und Frauen bereit sind, diese Tätigkeit zu übernehmen, muß sie attraktiver werden, das heißt vor allem: von der Gesellschaft finanziell und ideell anerkannt werden. Dazu müssen wir den Beruf „Hausfrau/Hausmann" schaffen.

9 Soviel Familie wie möglich, soviel Staat wie nötig

Man kann es drehen und wenden, wie man will: Die jüngere Bindungsforschung kommt eindeutig zu dem Ergebnis, daß Kinder in den ersten drei Lebensjahren eine intensive, liebevolle und zuverlässige Einzelbetreuung durch ein- und dieselbe Person benötigen, am besten die Mutter oder den Vater. In welcher Weise intellektuell, sozial und emotional leistungsfähig die Kinder eines Tages sein werden, wird in diesen ersten drei Jahren schon weitgehend festgelegt. Die strukturelle Hirnentwicklung findet zu 50 Prozent im ersten Lebensjahr statt, 80 Prozent sind bis zum Ende des dritten Lebensjahres erreicht und etwa 95 Prozent bis zum 15. Lebensjahr.

Gerade die ersten Lebensmonate sind für die geistige und seelische Orientierung eines Kindes prägend. Sie entscheiden darüber, ob es später selbstbewußt und intelligent, lebensmutig und lebensfroh sein wird. Auch die Bindungsfähigkeit ist abhängig von den Erfahrungen, die Kinder in den ersten drei Lebensjahren gemacht haben. Und diese Fähigkeit ist später ausschlaggebend dafür, ob sie selbst einmal eine Familie gründen und Verantwortung für sich und andere, auch innerhalb der Gesellschaft, übernehmen.

Je jünger das Kind ist, um so hilfsbedürftiger ist es. Deshalb bedarf es des Individualschutzes in einer Familie, die jederzeit bereit und in der Lage ist, dem Kind zu seinem Wohl zu verhelfen. Erst wenn das Kind selbständiger wird, und das ist es in der Regel nach drei bis vier Jahren, kann man es langsam angstfrei in eine außerfamiliäre Umgebung einführen. Jedoch würde es die psychischen Fähigkeiten des Kindes überfordern, es bereits in diesem Alter ganztägig von der Familie zu trennen. In den Niederlanden wurde nachgewiesen, daß es zu schweren Persönlichkeitsstörungen kommen kann, wenn die Trennungsphase zwischen Kleinkindern und (bisherigen) Bindungspersonen zu lang ist. Auch in Frankreich ist es entgegen weitverbreiteter Kenntnis üblich, daß die Kindergartenkinder um zwölf Uhr mittags von ihren Müttern von der „école maternelle", dem Kindergarten, zum Mittagessen abgeholt und um 14 Uhr wieder dorthin gebracht werden, wo sie üblicherweise bis vier Uhr bleiben. Nur für die Kinder, deren Mütter und Väter berufstätig sind, wird in manchen Gemeinden und vor allem in den Städten ein gemeinsames Essen angeboten, um die Mittagspause zu überbrücken.

Der bekannte australische Psychologe und Familientherapeut Steve Biddulph hat in seinem Buch „Das Geheimnis glücklicher Babys" (dringend zu empfehlen!) versucht, die Frage zu beantworten, ab wann, wie oft und wie lange kleine Kinder in einer Krippe oder einem Kindergarten betreut werden können, ohne daß für ihr Wohlergehen ein Risiko entsteht. Die Ergebnisse aus der Krippenforschung fasst er wie folgt zusammen:

1. Krippenbetreuung verursacht Schäden

Krippenkinder mit einer Aufenthaltsdauer von weniger als zehn Stunden in der Woche zeigten nur zu sechs Prozent Verhaltensauffälligkeiten, bei Kindern mit einer Aufenthaltsdauer von mehr als 30 Stunden pro Woche kamen sie dreimal so häufig (17 Prozent) vor. Dazu gehören „Ungehorsam in der Schule/ aufsässig sein, den Lehrern freche Antworten geben; ständig in Kämpfe verwickelt sein; Grausamkeit, tyrannisches Verhalten oder Gemeinheit gegenüber anderen; andere Menschen körperlich angreifen; leicht in die Luft gehen und nicht vorhersagbares Verhalten zeigen". Die Zunahme dieser Verhaltensauffälligkeiten war nicht sehr groß, sie zeigte sich jedoch bei einer sehr großen Gruppe von Kindern (NICHD-Studie).

Daß „ein hohes Maß an Gruppenbetreuung bis zum Alter von drei Jahren (und besonders vor Vollendung des zweiten Lebensjahres) mit einem höheren Niveau antisozialen Verhaltens im Alter von drei Jahren einhergeht, berichtet die EPPE-Studie.

Auch Babys und Kleinkinder, die in der Kindertagesstätte betreut wurden, zeigten „ein höheres Aggressionsniveau" und neigten umgekehrt eher dazu, „sich zurückzuziehen, gefügig und traurig" zu sein (Leach-Studie). Ihr Autor, Dr. Leach, sagte, daß „die soziale und emotionale Entwicklung von Kindern, die von anderen Personen als ihrer Mutter betreut wurden, definitiv weniger gut ist". Seine Studie kommt zu dem Schluß, daß Großmütter, Familienangehörige, Tagesmütter und Freunde besser sind als Kinderkrippen, aber nicht so gut wie die eigenen Eltern. Im Fall eines depressiven oder wenig empfänglichen Elternteils oder im Fall eines Elternteils mit ernsten sozialen Problemen sei allerdings ein Betreuer in jedem Fall eine Verbesserung. Als entscheidenden Faktor sieht Leach die Empfänglichkeit oder Reaktionsbereitschaft der betreuenden Person an.

2. Die Qualität der Betreuung beugt aber Schäden nicht vor

Wie gut, stabil, fürsorglich und anregend die Umgebung des Kindes in der Betreuung durch Dritte ist, also die Qualität der Betreuung, hat nur teilweise Einfluß auf das *Verhalten* des Kindes. Auf die *kognitiven*, also denkerischen Fähigkeiten der Kinder, z. B. die Lesefähigkeit, wirkt sich die Betreuungsqualität durchaus aus. Kinder, die in Tageseinrichtungen mit mehr und besser ausgebildeten Betreuern häufiger eine 1:1-Betreuung erfuhren, waren auch weniger gestreßt. Aber die Qualität konnte die Schäden nicht vollständig ausgleichen, die durch „zu früh, zu viel, zu lange" Fremdbetreuung entstanden waren. Die Autoren der EPPE-Studie berichten, „eine bessere Qualität der Betreuung kann das antisoziale/besorgte Verhalten reduzieren, aber nicht aufheben", und dies fand auch Zustimmung der NICHD-Autoren.

3. Die größte Rolle spielt die Qualität der elterlichen Erziehung

„Der wichtigste Faktor überhaupt, wenn es um die geistige Gesundheit des Kindes geht, wurde von den Forschern ‚mütterliche Sensibilität' genannt: die Fähigkeit, warm und empfindsam (mit ausreichendem Feingefühl) auf die Bedürfnisse des Kindes zu reagieren. Dazu gehört, dass die Mutter (oder der Vater) ruhig reagiert, daß er (oder sie) sich geborgen und unterstützt fühlt, frei von Druck, und sich daher ganz auf das Kind konzentrieren kann. Es müssen in materieller wie emotionaler Hinsicht genügend Ressourcen vorhanden sein: Freunde und andere Kontakte, damit die Eltern sich nicht deprimiert fühlen, einsam oder überwältigt von den natürlichen Ansprüchen des Kindes (...) Laut den genannten Untersuchungen besteht eine Gefahr für Kinder darin, daß ‚zu früh, zu viel, zu lange' in der Kindertagesstätte die mütterliche Sensibilität schwächt – oder sie in ihrer Entwicklung behindert. Das passierte insbesondere bei Mutter-Baby-Paaren, deren Beziehung ohnehin schwach war. Kurz gesagt, eine Mutter, die ihr Kind viel in die Krippe gibt, kommt mit ihm möglicherweise schlechter zurecht, weil die Zeit zum Heranwachsen einer echten Beziehung nicht ausreicht. Wenn ein Kind sehr früh in die Tagesbetreuung gegeben wird, kann das Mutter/Vater und Kind darin hindern, eine gut funktionierende und starke Beziehung zu entwickeln. Eltern und Baby erhalten einfach niemals die Chance, einander nahezukommen, und das kann ihre Beziehung fürs ganze Leben prägen."

4. Weniger Krippe ist besser, einen sicheren Grenzwert gibt es nicht
„Für Kinder unter drei Jahren gibt es kein unbedenkliches Niveau an Betreuungszeit in der Kindertagesstätte (aber gleichzeitig ist wenig besser als viel)."

5. Der richtige Zeitpunkt für die Krippe ist entscheidend
Steve Biddulph schreibt, die Eltern sollten mindestens warten, bis das Kind zwei Jahre alt ist, um Schädigungen zu vermeiden. Zuvor fand die NICHD-Studie keinen Unterschied: „ob Eltern ihre Kinder im ersten oder im zweiten Lebensjahr in die Betreuung gaben - die Schädigungen waren die gleichen. In dieser Hinsicht war ein 18 Monate altes Kleinkind ebenso verletzlich wie ein vier Monate alter Säugling."

6. Auch moderate Schäden wirken sich schließlich sozial aus
„Professor Jay Belsky, einer der NICHD-Autoren, (...) wies auf die sozialen Probleme hin, die auftreten, wenn eine große Zahl von Kindern auch nur in geringem Maße (von Schädigungen, C.M.) betroffen sind. Er sorgte sich um die Auswirkungen auf die Schulen, wenn große Zahlen von Kindern mit moderaten Verhaltens-

auffälligkeiten die Lehrer und das ganze System zu überfrachten beginnen – ein Problem, über das derzeit weltweit viel berichtet wird. Solche Kinder verschlechtern die soziale Umgebung für sich und andere. Eine Klasse mit zwei oder drei verhaltensauffälligen Kindern läßt sich in den Griff bekommen, aber bei acht oder zehn solcher Kinder wird die Situation kompliziert".

Die Ergebnisse der NICHD-Studie haben auch gezeigt, daß Krippenkinder einen im Vergleich zu „Familienkindern" erhöhten Cortisonspiegel aufweisen, der Anzeichen für Streß ist. Das liegt sicher einerseits daran, daß den Kleinkindern in der Krippe die Bindungsperson fehlt, die ihnen Sicherheit und Schutz bietet, zum anderen daran, daß, wie aus Forschungsberichten hervorgeht, Kinder unter drei Jahren in der Regel nicht richtig miteinander spielen können.

Steve Biddulph weist darauf hin, daß die negativen Auswirkungen, die in den oben genannten Studien gefunden wurden, „vielleicht nicht die einzigen (sind), die auftreten, und es (...) durchaus möglich (ist), daß gravierende Schädigungen sich erst deutlich später zeigen."

Tatsächlich gibt es bisher nur wenig empirische Untersuchungen über die kurz-, mittel- und langfristigen körperlichen, geistigen und seelischen Folgen der noch relativ jungen Krippenerziehung. Trotzdem sollen sie nun in Deutschland auf breiter Front eingeführt werden.

Dabei gibt es auch gesundheitspolitisch größte Vorbehalte gegen Krippen; eine Tatsache, die in der Öffentlichkeit kaum diskutiert wird. Aber wer will, daß sein Kind in den ersten Lebensjahren so gesund wie möglich ist, sollte es lieber zu Hause behalten. Unter dem Titel „Tagesstätten sind Virennester" berichtete die „Frankfurter Allgemeine Zeitung" im September 2007 von einer Untersuchung des Swedish Institute for Infectious Disease Control, das eine beachtliche Zunahme von Viruserkrankungen an schwedischen Kindern feststellte. So steckten sich vor 30 Jahren nur die Hälfte der Kinder bis zum Alter von zehn Jahren am Herpes-zoster-Virus (Gürtelrose) an, während es heute praktisch alle seien. Atemwegsinfektionen sind in dem betrachteten Zeitraum ebenfalls häufiger und ihr Verlauf schwerer geworden. Meist seien die Erkrankungen auf einen Virus zurückzuführen; werden dann die erkrankten Atemwege auch noch von Bakterien besiedelt, kommt es oft zu Mittelohr- und Lungenentzündungen. Wie die Mitarbeiterin des Instituts Annika Linde erläuterte, liegt die Ursache für die Zunahme von Viruserkrankungen bei jungen Kindern am veränderten Lebensstil der Schweden: So wurden 1964 weniger als zehn Prozent der Vorschulkinder in Tagesstätten betreut, während es heute mehr als 80 Prozent sind. Das Risiko aber, an einer so schweren Atemwegsinfektion zu erkranken, daß wegen einer Mittelohr- oder Lungenentzündung ein Krankenhausaufenthalt notwendig wird, ist deutlich größer, wenn die Kinder, statt zu Hause zu bleiben, in eine Tageskrippe gehen. Das gilt ganz besonders für Kleinkinder. Auch habe man festgestellt, daß entgegen anderslautender Vermutungen häufige Infektionen im Kleinkindalter die Kinder später nicht vor Allergien schützten. Eher der gegenteilige Effekt sei zu beobachten. Den Erkrankungen entgegenwirken können Eltern, so die schwedischen Wissenschaftler, durch Impfung, häufigen Körperkontakt mit Schmusen und Küssen sowie viel Spiel an frischer Luft. Bei einem heute in deutschen Krippen üblichen Betreuungsschlüssel von einer Erzieherin, die sich um sechs oder sieben Kleinkinder kümmern muß, ist aber weder für ausreichenden Körperkontakt Zeit noch können Unternehmungen an der frischen Luft stattfinden; es sei denn, die Kita verfügt über einen eigenen Spielplatz oder ähnliches. Auch werden Eltern in Deutschland nicht darauf aufmerksam gemacht, daß sie ihr Kind der Gefahr einer Maserninfektion aussetzen, wenn sie es schon im Alter unter 15 Monaten in eine Krippe geben. Denn mit der ersten Impfung gegen Masern sind die Kinder noch nicht immun gegen Ansteckung. Dies ist erst der Fall, wenn sie mit 15 Monaten zum zweiten Mal geimpft werden. Steckt sich ein Kind zwischen der ersten und der zweiten Impfung in der Krippe mit Masern an, ist die Wahrscheinlichkeit, daß es an der Krankheit und ihren Folgewirkungen stirbt, eins zu tausend. Da sollten es sich Eltern schon genau überlegen, ob sie das Kind in den ersten Jahren nicht lieber zu Hause großziehen.

Wenn man das Kindeswohl in den Mittelpunkt stellt, muß man nicht nur ihre Gesundheit und ihre Bedürfnisse berücksichtigen, sondern auch ihre körperliche, geistige und seelische Belastbarkeit. Darüber liegen ebenfalls wissenschaftliche Erkenntnisse aus langjährigen Studien vor: Demnach geht man bei siebenjährigen Kindern von einer maximalen täglichen Höchstbelastbarkeit von drei Stunden aus. Diese steigert sich bis zum Alter von 13 Jahren auf sieben Stunden „Arbeits- und andere Zwangszeit". Ab 17 Jahren kann die Höchstbelastung dann auf neun bis zehn Stunden täglich ausgedehnt werden. Erfahrungen bestätigen die Tatsache, daß die Belastbarkeit von Kindern sehr stark mit dem Alter variiert. In diesem Zusammenhang spielt es nicht nur eine Rolle, wieviele Stunden pro Tag man Kinder höchstens in das Zwangskorsett eines Kindergartens oder einer Schule stecken kann, sondern auch, wie lange die Schulstunden dauern, wie viele Pausen die Kinder haben, wie viele Minuten diese umfassen, wie die Schüler sie verbringen (frische Luft, genug Auslauf) und wie häufig und lang die Ferien sind.

Aber nicht nur die körperliche und geistige Belastbarkeit hat ihre Grenzen, sondern auch die seelische. Die meisten kleinen Kinder halten eine ganztägige Trennung von ihren hauptsächlichen Bezugspersonen, also Mutter, Vater oder Oma, nur schlecht aus. Viele Kinder weinen, wenn sie in die Krippe gebracht werden, manche während ihres gesamten Aufenthaltes. Andere wehren sich nicht durch Schreien und Weinen, sondern fügen sich scheinbar, ziehen sich aber zurück und sind traurig.

Es wird heutzutage oft darauf hingewiesen, wie wichtig, vor allem für Einzelkinder, die Sozialisation in Gruppen von gleichaltrigen Kindern sei. Es ist auch gar keine Frage, daß jedes Kind andere Kinder braucht. Aber man muß doch fragen, ab welchem Alter. Kinder unter zwei Jahren haben meist noch gar kein Interesse an Gleichaltrigen, und ihr Zusammenspielen besteht häufig hauptsächlich darin, sich um Spielzeuge zu streiten. Dabei wird zwar die Durchsetzungsfähigkeit trainiert, nicht aber das soziale Miteinander.

Das Argument der frühen Sozialisation von Kleinkindern wird heute vielfach für andere Interessen instrumentalisiert. Um die

Kinder aus ökonomischen, feministischen oder einfach auch egoistischen Gründen mit aller Macht in Ganztagseinrichtungen wegzuorganisieren, wird behauptet, daß dies dem Wohl der Kinder entspreche. Dies ist beim Halbtagskindergarten und der Halbtagsgrundschule sicher der Fall. Bei beiden Einrichtungen handelt es sich um Bildungseinrichtungen, die für die Entwicklung eines jeden Kindes von großer Bedeutung sind. Deshalb sollten die deutschen Kindergärten nach dem Vorbild anderer Länder mit bundeseinheitlichen Lehrplänen ausgestattet werden, nach denen gewisse Kenntnisse und Fähigkeiten vermittelt werden, auf welche die Grundschulen dann aufbauen können. Derartige Kindergärten wären in der Lage, familiäre Defizite bei den Kindern auszugleichen, die so bessere Startchancen in der Schule hätten. Das erfordert aber, daß alle Kinder den Kindergarten besuchen. Heute sind es gerade die Sprößlinge aus einkommensschwachen Haushalten und teilweise auch aus Familien, die in unser Land eingewandert sind, die keinen Kindergarten besuchen. Deshalb sollten wir die allgemeine Kindergartenpflicht (aber höchstens halbtags) zwischen dem dritten und vierten Lebensjahr einführen. Dann müßte der Kindergartenbesuch selbstverständlich gebührenfrei sein; Lernmittel wie Bücher und ähnliches, die schließlich der Ausbildung notwendiger zukünftiger Arbeitskräfte dienen und deshalb als Investition anzusehen sind, sollten ebenfalls, und zwar während der gesamten Schulzeit, vom Staat finanziert werden. Schließlich liegt die Bildung und Ausbildung nachfolgender Generationen ja im Interesse der gesamten Gesellschaft und kann daher nicht den Eltern allein aufgebürdet werden.

Halbtagskindergärten und Halbtagsgrundschulen würden in der Regel ausreichen, um den Kindern einerseits notwendige Kenntnisse und Fähigkeiten zu vermitteln und sie andererseits im Zusammenspiel mit Gleichaltrigen zu sozialisieren. In den weiterführenden Schulen könnte man dann die zeitliche Anwesenheit der Schüler schrittweise ausbauen, so wie es ihrer zunehmenden Belastbarkeit, ihren Wünschen und dem wachsenden Lernstoff entspricht.

Ich habe bereits erwähnt, daß kleine Kinder nur über eine beschränkte tägliche Belastbarkeit verfügen. Diese ist aber auch nicht jederzeit abrufbar, sondern folgt einem biologischen Rhythmus. Wie bei uns Erwachsenen fällt die Leistungsfähigkeit von Kindern mittags und am frühen Nachmittag für mehrere Stunden ab. Der mittel- und langfristige Lerneffekt dürfte am größten sein, wenn man bei optimaler Leistungskraft paukt. Wenn Kinder also den ganzen Tag im Kindergarten oder in der Schule bleiben, sollte man ihnen wenigstens nach einem geruhsamen Mittagessen eine große Pause lassen, in der sie sich austoben und wieder Kräfte für die nachmittägliche Arbeit sammeln können, was allerdings heute in den meisten Einrichtungen nicht geschieht.

Wenn es um das Kindeswohl geht, ist es auch mal ganz interessant, nach der Meinung der Betroffenen zu fragen. Es ist ja auffallend, daß in der Diskussion um Demographie und Familie fast ausschließlich über die Vereinbarkeit von Familie und Beruf gesprochen wird (wobei vollkommen einseitig meist die Vereinbarkeit von Mutterschaft und – mehr oder weniger volle – Erwerbstätigkeit der Frau gemeint ist), während zwei große gesellschaftliche Gruppen außen vor bleiben: die tatsächlichen oder potentiellen Väter und die Kinder. Erfreulicherweise haben in den letzten Jahren vermehrt Befragungen von Kindern stattgefunden. Eine Umfrage unter ihnen und Jugendlichen in Nordrhein-Westfalen im Jahr 2004 hat das positive Ergebnis erbracht, daß sich die meisten Kinder relativ gut fühlen, ihr „Wohlbefinden in der Schule allerdings am deutlichsten getrübt" ist. Ausgerechnet dort, wo sie sich am unwohlsten fühlen, sollen die Kinder aber nach Meinung vieler Familienpolitiker jetzt noch mehr Zeit verbringen. Besonders zu denken gibt die Tatsache, daß sich 13 Prozent der Kinder in der Schule sogar schlecht fühlen. Das heißt: Wenn sie die Schule von morgens bis abends besuchen müssen, geht es ihnen während der überwiegenden Zeit des Tages nicht gut. Eine Kompensation über Familie, Freunde und Freizeit wird zunehmend schwierig, wenn man die Kinder zeitlich derart stark an die Schule bindet.

Umfragen zufolge fühlen sich auch größere Kinder in den Familien am wohlsten, in denen beide Elternteile Teilzeit arbeiten, relativ wohl dort, wo Vollzeitarbeit mit Hausmann oder -frau kombiniert wird bzw. Vollzeit mit Teilzeit, und am wenigsten in den Familien, in denen Vater und Mutter ganztags erwerbstätig sind. Während acht von zehn Kindern in Westdeutschland mit der Präsenz ihrer Mutter zufrieden sind – in Ostdeutschland sind es nur zwei von zehn –, vermissen viele die Anwesenheit des Vaters. (Übrigens würde es auch den Wünschen der Väter entsprechen, wenn sie ihre Arbeitszeit ihren familiären Bedürfnissen entsprechend gestalten könnten.) Festzuhalten gilt: Kinder lieben es weniger, mehr Zeit in der Schule zu verbringen, als vielmehr, in der Familie und mit Freunden selbstbestimmt ihre Freizeit zu genießen.

Einmal von PISA abgesehen, werden in Deutschland auch zu selten oder gar nicht die Defizite unserer Betreuungs- und Bildungseinrichtungen erörtert. Noch nicht einmal der Amoklauf eines Schülers in Emsdetten, bei dem 32 Menschen verletzt wurden und der Schüler Sebastian B. Selbstmord beging, veranlaßte die Politiker, darüber nachzudenken, ob und was in deutschen Schulen falsch läuft. Der Amokläufer, der in seiner Schule zweimal eine Klasse wiederholen mußte, hatte im Internet unter anderem die Eintragung hinterlassen, daß das einzige, was die Schule ihm beigebracht habe, sei, daß er ein Verlierer sei.

Eigentlich müßte allein die Tatsache, daß sich viele extreme Gewaltäußerungen von Jugendlichen in der Schule entladen, schon genug Hinweis darauf geben, daß für die meisten Täter dort auch die Quelle der Frustration sitzt. Wir dürfen nicht die Augen davor verschließen, daß gerade Kinder aus Problemfamilien in der Schule oft Lernschwierigkeiten haben und durch ihr unangepaßtes Verhalten auffallen. Für sie gesellt sich dann zu dem schwierigen familiären Umfeld ihr Verliererimage in der Schule.

Es gibt aber auch eine nicht unerhebliche Zahl von Kindern aus „normalen Familien", die in der Schule von anderen gehänselt oder gemobbt werden, weil sie zu dick sind oder rothaarig, einen Sprachfehler haben oder keine Markenkleidung. Und Kinder, die von älteren Mitschülern bedroht oder erpreßt, geschlagen oder mißhandelt werden. Und Kinder, die von ihren Lehrern ungerecht behandelt oder sogar schikaniert werden, weil sie nicht aus dem richtigen Elternhaus kommen oder zu den schlechten Schülern gehören. Auch für erfolgreichere Schüler waren unsere Schulen noch nie Horte des himmlischen Friedens. Die Autobiographie manch bekannten Schriftstellers legt Zeugnis darüber ab, daß Mißliebigkeit in der Schule für den Betroffenen dann besonders schwer erträglich ist und ihn ein Leben lang verfolgen kann, wenn er in einem Internat „gefangen" war und nicht mittags nach der Schule in seine Familie fliehen konnte.

Der Neurobiologe Gerald Hüther hat einmal in einer seiner zahlreichen Fachpublikationen festgestellt: „Frühe emotionale Erfahrungen werden im Hirn verankert, sichere emotionale Bindungsbeziehungen sind die Voraussetzungen für eine optimale Hirnentwicklung. Störungen stellen für Kinder Belastungen dar, die sie um so weniger bewältigen können, je früher sie auftreten. Sie führen zu einer massiven und langanhaltenden Aktivierung streßintensiver Regelkreise im kindlichen Gehirn." Der Hirnforscher zieht daraus den Schluß, die elterliche Erziehungskompetenz zu fördern. Kindertagesstätten „können daher allenfalls der Notaufnahme von Kindern in Not geratener Mütter, nicht aber der Zwischenlagerung von Störenfrieden berufstätiger Eltern dienen".

Und der Kinder- und Jugendpsychiater Johannes Pechstein weist darauf hin, daß die „altersgerechte Freiheit zur eigenen Aktivität unter Aufsicht eines Elternteils und die Möglichkeiten des vertrauten häuslichen Lebensraums die Kinder mehr schützen und sichern als das Ganztagskollektiv, ihnen auch mehr nützen für die Entwicklung ,individueller' Eigenart und Kreativität. Sie befestigen ihre ganz unterschiedlichen Interessenlagen und ihre werdende Persönlichkeit." Aber abgesehen davon, daß Ganztagseinrichtungen Kindern selten ein so umfassendes Angebot an Sport-, Musik-, Kunst- und sonstigen Freizeitbeschäftigungen unterbreiten können, daß tatsächlich die Interessenlage aller Kinder berücksichtigt ist, kommt hinzu: In Ganztagsstätten herrscht in der Regel ein fester Zeitplan, der Tag ist für die Kinder durchorganisiert. Pausenzeiten sind geregelt, und es ist auch definiert, wo sich die Kinder in diesen aufzuhalten haben. Damit kommt den Kindern das abhanden, was Kindheit bisher so lebenswert gemacht hat: die Freiheit. Nicht wie die Erwachsenen einem durchorganisierten Tagesablauf unterworfen zu sein, sondern nach der Schule über viel Zeit zu verfügen, in der man selbst bestimmt, was man mit dem Tag anfängt, mit wem man spielt, wo man hingeht, wann man nach Hause kommt, und dies alles unter dem Schutz und der Fürsorge des Elternhauses, das macht Kinder und Jugendliche auch heute noch glücklich.

Dazu gehören übrigens auch die gemeinsamen Mahlzeiten in der Familie, während derer sich Eltern (oder zumindest ein Elternteil) und Kinder austauschen können. Ein frischgekochtes wohlschmeckendes Gericht, vielleicht sogar nach dem Geschmack der Kinder zubereitet, im Kreise der Familie genossen, ist auch nur schwerlich durch eine Mahlzeit in einer Ganztagesstätte zu ersetzen. Bei einer Umfrage in Nordrhein-Westfalen erklärten 50 Prozent der Kinder, daß ihnen das Schulessen nicht schmecke. Kein Wunder: denn dort richtet sich das Angebot meist eher nach den Kosten als nach Gesundheit, Frische und Wohlgeschmack. Auch das, was an den Kiosken in der Schule verkauft wird, richtet sich oft weniger nach Qualität oder Gesundheit: Süßigkeiten, Cola, Hamburger sind da doch eher an der Tagesordnung als die Ausnahme.

Ein ganz großes Manko an Ganztagseinrichtungen: Es gibt meist wenig Möglichkeiten, sich in der freien Natur zu bewegen und zu spielen. Dafür fehlen den meisten Schulen die infrastrukturellen Voraussetzungen wie Wiesen, Wald, Sport- und Spielplätze. Und welche Abenteuer kann man schon auf einem gepflasterten Schulhof erleben? Es scheint aber auch in den Kultusministerien, die den Sportunterricht an den Schulen immer mehr zusammenstreichen, keine Einsicht darüber zu herrschen, wie wichtig Bewegung und freies Spiel für die Kinder sind, auch hinsichtlich der optimalen Lernerfolge. Denn es ist wissenschaftlich unumstritten, daß die motorischen Fähigkeiten der Kinder in engem Zusammenhang mit ihren intellektuellen Kompetenzen stehen. Natürlich böten Ganztagsschulen die Möglichkeit, mehr Sportangebote zu machen. Vergleichbar mit einem Herumstreifen in Parks, Anlagen und Wäldern, dem Klettern auf Bäumen, dem Bau von Staudämmen in Bächen und anderen Beschäftigungen, die Kinder lieben, dürfte dies aber nicht sein. (Selbstverständlich ist das in städtischen Gebieten nicht überall möglich. Wir sollten uns aber bemühen, diese Bedingungen für unsere Kinder in Zukunft wiederherzustellen.)

Was ebenfalls in den meisten Ganztagseinrichtungen fehlt, sind Orte des Rückzugs und der Ruhe, zu denen die Kinder und Jugendlichen fliehen können, wenn sie einmal genug haben von Lehrern, Erziehern, Mitschülern und dem ganzen sonstigen Schulbetrieb. Orte, an denen sie das Gelernte verarbeiten, einmal abschalten, über etwas nachdenken oder Ideen entwickeln können.

Allerdings kann der Aufenthalt in einer Ganztagseinrichtung für ein Kind dann von Vorteil sein, wenn es in seiner Familie erheblichen oder gar schweren körperlichen oder seelischen Belastungen ausgesetzt ist, zu wenig Zuwendung erhält oder nicht ausreichend unterstützt und gefördert werden kann, weil die Eltern dazu nicht in der Lage sind. Sei es, daß ein Elternteil alleinerziehend ist und eventuell ganztägig berufstätig sein muß; sei es, daß aus finanziellen Gründen beide Elternteile voll erwerbstätig sein müssen; sei es, daß die Familienverhältnisse zerrüttet oder die Eltern erziehungsunfähig sind (zum Beispiel bei Alkohol- oder Drogenabhängigkeit).

Wenn die Familie selbst, aus welchen Gründen auch immer, nicht in der Lage ist, das Kind zu betreuen, muß nach kindgerechten Alternativen (siehe Steve Biddulph: „Das Geheimnis glücklicher Babys") gesucht werden. Für Kleinkinder ist wohl ein verwandter oder befreundeter Mensch, dem die Eltern vertrauen und der das Kind liebt, die beste Lösung. In Frage kommt auch eine Tagesmutter, die vertrauenswürdig und liebevoll ist und eine dauerhafte Begleitung des Kindes gewährleistet. Bei Kinderkrippen ist bislang selten sichergestellt, daß Kleinkinder tatsächlich immer in der Obhut von ein- und denselben Bezugspersonen sind, die ja für die kindliche Entwicklung so wichtig sind: Angestellte Erzieherinnen werden ja mal krank oder haben Urlaub, sie ziehen weg oder geben ihren Beruf auf. Außerdem wäre es wichtig, daß sich Betreuungspersonen von Kleinkindern höchstens um zwei oder besser noch nur um ein Kind kümmern müssen. Das zumindest fordern renommierte Wissenschaftler, zum Beispiel der Hirnforscher Ralph Dawirs: „Die Betreuung in der Krippe muß eins zu zwei sein: Auf eine Betreuerin kommen maximal zwei Kinder: Man hat ja schließlich nur zwei Arme, für jedes Kind einen. Am besten sogar eine Betreuerin pro Kind. Erfolgt die Hirnentwicklung in diesem Stadium nicht optimal, dann ist sie später auch nicht mehr wegzupädagogisieren. Der Scheideweg wird in dieser frühen Phase gelegt. Man kann durch optimale Bedingungen enorme Folgekosten sparen."

Ab dem Kindergartenalter könnten die Kinder, bei denen eine Fremdbetreuung unumgänglich ist, dann in einen Ganztagskindergarten gehen, später in die Ganztagsschule. Wichtig ist aber, daß die personelle Ausstattung auch dieser Einrichtungen großzügig, die Lehr- und Spielangebote für die Kinder hochwertig und die Mahlzeiten nahrhaft und gesund sind. Das erfordert erhebliche finanzielle Mittel: In Nordrhein-Westfalen rechnet man für einen Betreuungsplatz für unter Dreijährige mit Kosten in Höhe von 1600 Euro monatlich. Es liegt auf der Hand, daß eine qualitativ hochwertige Betreuung von allen Kleinkindern in öffentlichen Einrichtungen äußerst kostspielig wäre. Gesellschaftlich lohnenswert ist diese teure Betreuung in jedem Fall für Kinder aus Problemfamilien, die sich sonst eventuell zu problematischen Kindern, Jugendlichen und später auch Erwachsenen entwickeln könnten, die dann noch höhere gesellschaftliche Kosten verursachen würden.

Aber Ganztagseinrichtungen können familiäres Versagen nicht vollständig kompensieren. Das können wir von Frankreich lernen, dessen Ganztagsbetreuungssystem von deutschen Familienpolitikern soviel gelobt wird. Den Franzosen ist es nicht gelungen, mit ihren ganztägigen Kindergärten und Schulen die unzureichende Erziehung und mangelhafte Sozialisation eines Teils der Kinder und Jugendlichen zu kompensieren. Deshalb will Frankreich die Eltern jetzt wieder stärker in die Erziehung der Kinder einbinden, und zwar über Erziehungsverträge, die zwischen dem Staat und den Eltern geschlossen werden und in denen festgelegt wird, welche Erziehungsaufgaben die Familie übernimmt und welche Leistungen der Staat erbringt.

In bezug auf Frankreich noch ein paar Informationen: Trotz Ganztagsschulen lag Frankreich beim PISA-Vergleich mit seinen Ergebnissen hinter den deutschen Ländern Bayern, Baden-Württemberg und Sachsen; in Frankreich gibt es mehr übergewichtige Kinder als in Deutschland; trotz Ganztagsschule sehen die französischen Kinder mehr fern als die deutschen; die Erwerbsquote französischer Frauen liegt unter der deutscher Frauen. Und: Haben sich die deutschen Verfechterinnen der französischen Ganztagsbetreuung schon einmal gefragt, was die französischen Kinder, deren Eltern beide berufstätig sind und sechs Wochen Urlaub im Jahr haben, während der vier Monate langen Schulferien machen? Ist ihnen bekannt, daß es nur für 9 Prozent der französischen Kinder Krippenplätze gibt und daß kürzlich ein Politikberatungsinstitut der französischen Regierung davon abgeraten hat, zusätzliche Krippenplätze einzurichten, da diese zu teuer seien?

Abschließend noch eine persönliche Bemerkung: Ich fühle mich in der aktuellen Diskussion um die Vereinbarkeit von Beruf und Familie, in der mehr und mehr die volle Erwerbstätigkeit der Frau und die Fremdbetreuung der Kinder propagiert werden, oft an mein Engagement gegen die weibliche Genitalverstümmelung erinnert. In vielen Ländern Afrikas werden die kleinen Mädchen meist im Alter von vier bis acht Jahren an ihren Genitalien beschnitten. Ihre Mütter leiden darunter, aus traditionellen Gründen ihren Kindern weh tun zu müssen. Aber sie sehen sich von der Dorfgemeinschaft beziehungsweise der Gesellschaft dazu gezwungen, gegen ihr Gefühl zu handeln. Sie wollen nur das Beste für ihr Kind. Aus unserer westlichen Sicht ist diese Gepflogenheit kaum zu verstehen. Für uns ist die Beschneidung kleiner Mädchen eine brutale Folter, und wir können nicht nachvollziehen, daß Mütter und Väter so etwas zulassen. Aus „afrikanischer" Sicht wiederum ist es nicht zu verstehen, daß wir unsere kleinen Babys allein schlafen lassen, daß wir sie den ganzen Tag irgendwo hinlegen oder -setzen, statt sie auf unseren Arm zu nehmen und mit uns herumzutragen. Für diese Form der seelischen Folter finden sie keine Gründe. Dabei „vernachlässigen" wir unsere Neugeborenen aus genau den gleichen Gründen, aus denen in Afrika beschnitten wird: weil es Tradition ist und/oder die Gesellschaft es von uns verlangt.

Heute sehe ich die akute Gefahr, daß der gesellschaftliche Druck auf Mütter, ihre Kinder wegzugeben, immer größer wird. Die Wirtschaft braucht angeblich dringend die gutausgebildeten, hochmotivierten jungen Frauen, die für weniger Geld zu arbeiten bereit sind als die Männer, um ihren Bedarf an Arbeitskräften zu decken. Mit Hilfe der Politik versucht sie derzeit, ihr Interesse gesellschaftlich durchzusetzen. Die Babys und kleinen Kinder aber können ihre Interessen noch nicht vertreten. Höchstens, indem sie in den ersten Monaten viel weinen, später, indem sie unruhig und aggressiv werden, Konzentrationsprobleme haben, schlechte Leistungen erbringen, und noch später, indem sie egoistisch, asozial, gewalttätig, vielleicht süchtig (nach Drogen oder Alkohol, mager- oder fettsüchtig) oder sogar kriminell werden. Aber dann ist das Kind schon in den Brunnen gefallen.

10 VEREINBARKEIT VON BERUF UND FAMILIE – EINE DER GROSSEN LÜGEN UNSERER ZEIT

Die Erkenntnisse aus der Säuglings-, Bindungs- und neueren Hirnforschung beweisen: Die ganztägige Erwerbsarbeit ist mit den familiären Erfordernissen, vor allem den frühkindlichen Bedürfnissen nach mütterlicher und auch väterlicher Zuwendung, nur in wenigen Fällen in Einklang zu bringen. Das entspricht auch der Meinung großer Teile der Bevölkerung. Beispielhaft zitiere ich einige Prominente, die sich im Rahmen eines Porträts in der „Frankfurter Allgemeinen Zeitung" zu dieser Frage geäußert haben.

Sie waren darin aufgefordert, den Satzanfang „Familie und Beruf ..." fortzusetzen.

Frank-Jürgen Weise (Manager): „... sind bei meinem Werdegang und Funktionen schwer vereinbar gewesen, und ich bin dankbar, daß beides zu gelingen scheint."

Maria Furtwängler (Schauspielerin): „... sind unbedingt miteinander verbunden. Frei für meinen Beruf bin ich nur, wenn mit meiner Familie alles in Ordnung ist. Ich könnte nicht Karriere machen auf Kosten meiner Familie."

A.W. Graf von Faber-Castell (Unternehmer): „... sind nicht leicht unter einen Hut zu bringen."

Bastian Pastewka (Komödiant, Kabarettist): „... sind schwer zu vereinbaren. Ich bin leider äußerst unflexibel und vernachlässige entweder die eine oder die andere Gruppe."

Mohammed Al Fayed (Unternehmer): „... sind nicht vereinbar, sie schließen sich gegenseitig aus."

Juliane Kokott (EU-Generalanwältin): „... sind mehr als gut vereinbar. Gerade bei einer sehr großen Familie birgt die Absicherung durch die Berufstätigkeit beider Eltern auch gewisse Vorteile."

Gabriele Strehle (Managerin): „... sind für eine Frau mühelos vereinbar, wenn sie ohne Lamento 20 Jahre lang eine 80-Stunden-Woche bewältigt."

Jörg Ziercke (Chef des Bundeskriminalamtes): „... sind mir sehr wichtig, aber es ist schwierig, sie immer zu 100 Prozent in Einklang zu bringen."

Die einzige Prominente, welche die Vereinbarkeit von Beruf und Familie vorbehaltlos bejaht, ist Juliane Kokott, Juristin und derzeit EU-Generalanwältin sowie Mutter von sechs Kindern. Aber wie sieht diese Vereinbarkeit im Falle Kokott konkret aus? Das beschreibt Melanie Amann in dem FAZ-Portrait so: „Sie ist Mutter von sechs Kindern. Für die hat sie nur am Wochenende richtig Zeit, denn von Montag bis Donnerstag lebt und arbeitet Juliane Kokott allein in Luxemburg (...). Jeden Donnerstag abend fährt ein Chauffeur sie im Dienstwagen zu ihrer Familie in Baden-Württemberg. Wenn Kokott dann aussteigt, kann sie sich ganz auf die sechs Kinder – vom Baby bis zum Abiturienten – einlassen (...). Der älteste Sohn reiste als Säugling mit nach Harvard (ohne Vater, C.M.), der zweite kam direkt nach Abgabe der Habilitation zur Welt und das jüngste Kind am ersten Tag eines langen Urlaubs. Bei Tagungen und Dienstreisen waren Kindermädchen und Babys stets mit von der Partie. Nur die vielen Umzüge ersparte Juliane Kokott den Kindern, sie pendelte selbst von ihrer jeweiligen Uni nach Hause. Eine Teilzeitstelle hatte sie nie, auch ihr Mann, ein Steuerrechtsanwalt, mußte beruflich nie zurückstecken. Strenggenommen meistert Juliane Kokott aber auch keine Doppelbelastung, sondern hat eine Belastung delegiert: Für Kinderbetreuung und Hausarbeit sind unter der Woche gleich fünf Kindermädchen im Einsatz. Jeden Tag kommt eine andere Studentin, hilft bei den Hausaufgaben, spielt mit den Kindern und bringt sie zum Sport oder zur Musikstunde."

Abgesehen davon, daß Lieschen Normalfrau weder soviel Geld verdient wie Frau Kokott noch über einen Dienstwagen mit Chauffeur verfügt und sich auch die Arbeitszeit nicht so frei einteilen kann wie die privilegierte EU-Beamtin – welche Mutter und welcher Vater möchten ihre Kinder unter der Woche denn gleich fünf verschiedenen Kindermädchen anvertrauen? Kindermädchen, die wahrscheinlich alle ein bis zwei Jahre wechseln, weil Studentinnen selten länger ein- und denselben Job ausüben.

Auch die deutsche Familienministerin Ursula von der Leyen wird in der Presse immer als Beispiel dafür angeführt, daß Karriere und Kinder sich auch für Frauen nicht ausschließen. Aber auf die Frage in einem „Stern"-Interview, ob sie eigentlich als Mutter auch manchmal ein schlechtes Gewissen hat, wenn sie in Berlin ist und die Familie in Hannover antwortete sie: „Natürlich gibt es solche Momente. Das ist etwas, was mich mein Leben lang begleitet, auch schon als junge Ärztin. Neulich gab es solch eine Situation, die *typisch* (Hervorhebung durch C.M.) ist: 20 Minuten vor Beginn der Kabinettsitzung klingelte mein Familienhandy. Es war eine Tochter dran, die sich in Hannover mit der U-Bahn verfahren hatte und nicht mehr wußte, wo sie war. Sie weinte. Das sind Momente, in denen ich denke: Oh, ich müßte jetzt da sein. Das ist völlig irrational, denn auch wenn ich in Hannover gesessen hätte, könnte ich ihr im U-Bahn-System nicht helfen. Ich habe sie dann am Handy gelotst, bis sie zu einem Ort zurückgefahren war, wo sie sich auskannte – und ich habe immer gebetet, daß ihr Akku hält."

Abgesehen davon, daß die meisten Arbeitnehmerinnen während ihrer Arbeitszeit nicht privat mit ihrem Handy telefonieren dürfen und auch nicht die sonstigen Privilegien einer Bundesministerin genießen – ist es verantwortlich, sein Kind U-Bahn fahren zu lassen, wenn es offenbar zu jung dazu ist, und in dieser Zeit beruflich unabkömmlich sein? – Und was wäre passiert, wenn die Tochter von Frau von der Leyen nicht auf dem Weg zur, sondern in der Kabinettsitzung angerufen hätte, während Frau von der Leyen gerade eine Vorlage ihres Ministeriums vorgestellt hätte? Da muß zwangsläufig eines leiden: entweder der Beruf oder das Kind.

Ein Berliner Vater machte mich auf ein weiteres Problem hinsichtlich der Vereinbarkeit von Beruf und Familie aufmerksam. Er – voll erwerbstätig, Ehemann einer ganztägig arbeitenden Frau und Vater von drei Kindern, die von einem Kindermädchen versorgt werden – erzählte mir, daß in seiner Familie alles prima laufe; allerdings sei es bei ihm schon vorgekommen, daß sich ein Kind weh getan habe und weinend schutz- und trostsuchend nicht zu ihm in die Arme geflüchtet sei, sondern in die des Kindermädchens. „Das muß man dann eben aushalten können", war sein Kommentar. Das aber wollen die meisten Eltern nicht. Und sie haben recht. Denn es gibt selten glücklichere Momente im Leben, als wenn sich ein kleines weinendes Kind durch den Schutz und Trost, den wir spenden, beruhigt und zu seiner Fröhlichkeit zurückfindet.

In der aktuellen Diskussion wird uns vorgegaukelt, daß wir in Deutschland lediglich mehr Einrichtungen zur ganztägigen Betreuung der Kinder brauchen, um die Vereinbarkeit von Vollzeit-Berufstätigkeit und Familie sicherzustellen. Aber stellen wir uns das doch einmal konkret vor: Morgens, ob Sommer oder Winter, müssen die Kinder aus dem Schlaf gerissen werden, sie müssen gewaschen und angezogen und mit dem Frühstück und den Kindergarten-/Schulbroten versorgt sowie anschließend in die Krippe, den Kindergarten oder die Schule gebracht werden. Dann können Mutter und/oder Vater zur Arbeit fahren. Die dauert einschließlich Mittagspause normalerweise 8,5 bis neun Stunden. Bis man das Kind/die Kinder wieder von der Ganztagseinrichtung abholen kann, sind dann neun oder zehn Stunden vergangen. Frauen (Männer beteiligen sich an dieser Arbeit weniger, siehe Kapitel 12 und 13) aus Familien, die zu den Durchschnittsverdienern gehören und sich keine Haushaltshilfe leisten können, müssen dann noch einkaufen, putzen, waschen, das Abendessen zubereiten usw. Samstags ist dann Zeit für Friseurbesuche, Einkäufe von Kleidung, Geschenken etc. In Paris gibt es übrigens zunehmend Kindertagesstätten, die auch am Wochenende öffnen, damit die Eltern samstags in Ruhe shoppen können. Am Sonntag sind die Frauen in der Regel auch noch mehrere Stunden mit diversen Hausarbeiten beschäftigt. Wo bleibt da noch Zeit für die Kinder? Muß man sich wundern, wenn mehr und mehr Ehen scheitern, weil zwischen den Eheleuten kaum noch gesprochen wird? Muß man sich wundern, daß viele Kinder etliche Stunden vor dem Computer oder Fernsehapparat verbringen, während sie mit ihrer Mutter oder ihrem Vater täglich nur ein paar Minuten sprechen?

Und wie geht es den Kindern während der Ganztagsbetreuung? Anna Wahlgren, schwedische Autorin mehrerer sehr erfolgreicher

Bücher über Kindererziehung, rät in einem Interview mit der „Frankfurter Allgemeinen Zeitung" (vollständiger Wortlaut: siehe Anhang) davon ab, sich das schwedische System der Kinderbetreuung ab dem ersten Lebensjahr zum Vorbild zu nehmen, denn: „Schwedische Kinder sind in den vergangenen 20 Jahren nicht sehr glücklich gewesen. Sie verlieren ihr Zuhause und ihre Familien viel zu früh. Kleine Kinder lachen wenig, und sie spielen nicht frei, phantasievoll und unbekümmert. Depressionen, Alkohol- und Drogenprobleme unter Jugendlichen nehmen zu. Ein großer Teil der Heranwachsenden sagt: ,Wir haben absolut niemanden, mit dem wir sprechen können.' Wir Schweden eifern den Vereinigten Staaten nach, eigentlich wollen wir den ,American way of life': viel arbeiten, viel Geld verdienen, viel konsumieren. Gewalt unter Jugendlichen nimmt in beängstigender Weise zu – das Leben ist hart geworden (...) mittlerweile gibt es Kinderkrippen, in denen zwei Erzieherinnen für 20 Einjährige zuständig sind. Das muß man sich einmal vorstellen! Manche Kinder können noch nicht selber essen, fast alle tragen Windeln. Das geht allein schon praktisch nicht, von der emotionalen Seite ganz zu schweigen. Sie sehen: Der schwedische Wohlfahrtsstaat taugt nicht als Modell, denn Kinder und Alte werden beiseitegeschoben – und es geht ihnen schlecht dabei."

In Deutschland geht es den Kindern noch relativ gut. Denn die meisten Familien betreuen ihre Babys, Kleinkinder, Kindergartenkinder, Grundschulkinder und oft auch noch die Jugendlichen selbst. Und wem ist das zu verdanken? Den Hausfrauen (und wenigen Hausmännern)! – die als Ganztagshausfrauen oder teilzeiterwerbstätige Teilzeithausfrauen die gesellschaftlich unverzichtbare Arbeit der Fürsorge und Erziehung der künftigen Generationen übernehmen. Manche vollzeiterwerbstätige Mutter und auch viele Väter würden gern ihre Arbeitzeit verringern, um sich besser um die Kinder kümmern zu können, wenn sie es sich nur finanziell leisten könnten und die Arbeitszeiten flexibler wären. Und viele von ihnen würden auch noch gern ein zweites Kind in die Welt setzen, wollen dies aber nicht um den Preis der Vollerwerbstätigkeit beider Elternteile und die Fremdbetreuung des Kindes tun; schließlich halten auch nur 20 Prozent der Frauen einen Vollzeitjob für ideal. Diesen Familien wäre geholfen, wenn in Deutschland nicht mehr nur die Fremdbetreuung der Kinder bezahlt würde, sondern endlich auch die Eltern für die Fürsorge und Erziehung, die sie ihren Kindern angedeihen lassen, honoriert würden.

11
DIE PFLEGEKATASTROPHE –
NUR MIT HILFE DER FAMILIEN ZU BEWÄLTIGEN

Wenn heute in der öffentlichen Diskussion über die Vereinbarkeit von Beruf und Familie gesprochen wird, geht es in der Regel um die Frage, wie die Frauen ihre möglichst durchgängige Erwerbstätigkeit mit ihrer Mutterschaft unter einen Hut bringen können. Zu einer Familie gehören aber auch die Alten. Sie werden heutzutage immer älter und auch immer pflegebedürftiger. Nach wie vor wird die Mehrheit der alten Menschen, die nicht mehr allein leben können, von der Familie versorgt. Deshalb stellt sich auch die Frage, wie die Betreuung der alten und pflegebedürftigen Menschen mit der Berufstätigkeit ihrer Söhne und Töchter in Einklang zu bringen ist.

Die Zahl der Pflegebedürftigen in Deutschland betrug im Jahr 2005 insgesamt 2,08 Millionen. Nach Schätzungen wird sie bis 2010 auf 2,36 Millionen anwachsen, 2020 bei 2,83 Millionen liegen und 2050 bei 4,1 Millionen. Zwei Millionen davon werden demenzkrank sein.

Viele Pflegebedürftige werden nach wie vor zu Hause von pflegenden Angehörigen versorgt. Dabei handelt es sich meist um Frauen, die sich um ihre pflegebedürftigen Kinder, Ehemänner, Mütter oder Schwiegermütter (seltener um ihre Väter oder Schwiegerväter, da diese meist noch von ihren Ehefrauen gepflegt wurden) kümmern.

Aber immer mehr Pflegefälle werden in Alten- und Pflegeheimen oder durch professionelle ambulante Dienste versorgt. Die Anzahl derjenigen Pflegebedürftigen, die von Angehörigen versorgt werden, ist schon jetzt bedenklich am Abnehmen: Allein seit Bestehen der Pflegeversicherung hat ihre Quote von 75,2 Prozent im Jahr 1996 auf 47,03 Prozent im Jahr 2005 abgenommen. Bis 2020 werden voraussichtlich gut eine Million zusätzlicher Plätze in Pflegeheimen benötigt. Bis 2050 wird sogar mit einem Bedarf von 2,5 Millionen Pflegestellen gerechnet.

Und es ist absehbar, daß die zunehmend vollzeiterwerbstätigen Frauen von morgen weder in der Lage noch bereit sein werden, die Pflege Angehöriger zu übernehmen. Wenn aber die Frauen in den Pflegestreik treten, wer soll sich dann um die Alten und Behinderten kümmern? Und vor allem: Wer soll das bezahlen? Denn die Pflege ist heute nur finanzierbar, weil Hunderttausende von Hausfrauen ausgebeutet werden. Die zukünftigen Frauengenerationen werden das aber nicht mehr mitmachen.

Schon jetzt gibt man mehr als die Hälfte der Einnahmen der Pflegeversicherung für die stationäre Pflege aus. Die Pflegeversicherung gerät zunehmend in Finanzierungsdefizite. Zum einen sinken die Einnahmen, weil die Zahl der sozialversicherungspflichtigen Beschäftigten abnimmt, zum anderen steigen die Ausgaben, weil die Pflegefälle zunehmen und immer häufiger stationär – und damit teurer – betreut werden. Während die Ausgaben für die preiswertere häusliche Pflege seit 1997 um fünf Prozent auf 4,1 Milliarden Euro zurückgingen, stieg der Aufwand für die Heimpflege um 28 Prozent auf 8,2 Milliarden Euro an. Hinzu kommt, daß das Bundesverfassungsgericht die Bundesregierung aufgefordert hat, die ambulante Pflege genauso zu entlohnen wie die professionelle. Das wird zu einem zusätzlichen Finanzbedarf führen. Voraussichtlich werden die Rücklagen der Pflegeversicherung von den Fehlbeträgen der kommenden Jahre aufgebraucht, so daß spätestens 2008 die Mindestreserve von anderthalb Monaten unterschritten wird.

Die Pflegeversicherung muß schon jetzt, nach elfjährigem Bestehen, reformiert werden. Es ist absehbar, daß das zukünftige System noch teurer wird, als es heute schon ist. Erstens nimmt die Zahl der Pflegebedürftigen zu, zweitens kann man davon ausgehen, daß in Zukunft noch mehr Pflegepersonen von professionellen Kräften ambulant oder in Pflegeheimen betreut werden, weil immer weniger Ehefrauen, Töchter und Enkelinnen bereit und in der Lage sein werden, für einen Angehörigen zu sorgen. Schließlich ist eine Pflegetätigkeit mit einer Vollzeiterwerbstätigkeit nicht und mit einer Teilzeitarbeit nur in wenigen Fällen vereinbar.

Hinzu kommt, daß schon heute jeder dritte Bewohner eines Alten- und Pflegeheims Unterstützung von der Sozialhilfe erhält.

Denn die Pflegeversicherung ist ja eine Teilkaskoversicherung, deren Leistungen die tatsächlichen Kosten der Pflege nicht abdeckt.

In der Pflegeversicherung werden die Pflegebedürftigen in drei Gruppen eingeteilt: Patienten, die mindestens 90 Minuten Hilfe am Tag brauchen, gelten als „erheblich pflegebedürftig", was der Pflegestufe I entspricht. Wer täglich mindestens drei Stunden betreut werden muß, ist „schwer pflegebedürftig": Pflegestufe II. In der Pflegestufe III befinden sich „schwerst pflegebedürftige" Patienten, die mindestens fünf Stunden am Tag Hilfe benötigen. Die geschätzten Kosten der professionellen ambulanten Pflege sowie der Betreuung in Pflegeheimen werden von der Pflegeversicherung nur teilweise erstattet (siehe nachfolgende Pflegetabelle). So kann es leicht passieren, daß monatlich mehr als 1000 Euro der Betreuungskosten für einen Pflegebedürftigen nicht gedeckt sind. Wenn dann die Pflegedauer, wie in vielen Fällen, mehrere Jahre umfaßt, kommt auf den Pflegebedürftigen und seine Familie eine erhebliche finanzielle Belastung zu. Reichen die Rente und das Vermögen des Pflegebedürftigen nicht aus, werden die ungedeckten Kosten zunächst vom Sozialamt übernommen. Dieses treibt das Geld aber beim Ehepartner und bei den Kindern des Pflegebedürftigen wieder ein. Es hat heute den Anschein, als seien sich viele ältere Bürger und ihre Familien dieses Risikos nicht bewußt. Jedenfalls schließen nur wenige Bürger eine Pflegezusatzversicherung ab. Wenn man aber erst einmal über 60 Jahre alt ist, läuft man Gefahr, von keiner Versicherung mehr aufgenommen zu werden. Dann könnte es leicht geschehen, daß man eines Tages seinen Kindern oder dem Sozialamt auf der Tasche liegt.

Dem Staat bzw. der Gesellschaft werden dadurch in Zukunft Kosten in ungeahnter Höhe erwachsen.

Pflegetabelle

Die staatlich vorgeschriebene Pflichtversicherung trägt nur einen
Teil der Pflegekosten.

Pflegestufe	Staatliche Pflegekasse zahlt	Geschätzte Kosten im Durchschnitt	Restkosten Euro/Monat
Pflege im Heim			
I. erhebliche Pflegebedürftigkeit	1023	1824	801
II. schwere Pflegebedürftigkeit	1279	2249	970
III. schwerste Pflegebedürftigkeit	1432 [1)	3070	1638

Professioneller Pflegedienst zu Hause

I. erhebliche Pflegebedürftigkeit	384	Kosten hängen vom Engagement des Umfelds ab. Faustformel: In den Stufen I und II ist die Pflege zu Hause häufig
II. schwere Pflegebedürftigkeit	921	
III. schwerste Pflegebedürftigkeit	1432 [2)	

Pflege durch Angehörige zu Hause

I. erhebliche Pflegebedürftigkeit	205	Schätzungen sind (angeblich, C.M.) nicht möglich
II. schwere Pflegebedürftigkeit	410	
III. schwerste Pflegebedürftigkeit	665	

[1) in Härtefällen bis zu 1688 Euro
[2) in Härtefällen bis zu 1918 Euro

Quelle: Statistisches Bundesamt, Verband deutscher Alten- und Behindertenhilfe (VDAB)

Anders als angenommen, konnte die Pflegeversicherung bisher
keine ausreichenden Reserven für die langfristig zu erwartenden

Pflegeleistungen bilden. Das liegt auch daran, daß die Pflegeversicherung falsche Anreize gibt, welche die Pflege unnötig verteuern. Warum ist das so?

Die gesetzlich vorgeschriebene Pflegeversicherung wurde 1995 eingeführt. Jeder Arbeitnehmer, Selbständige oder Rentner muß Beiträge an die Versicherung entrichten. Die Mitglieder der gesetzlichen Krankenkassen führen – gemeinsam mit ihrem Arbeitgeber – 1,7 Prozent ihres Bruttoeinkommens ab, maximal 60 Euro, Kinderlose, die seit 2005 einen Extrabeitrag leisten müssen, bis 69,47 Euro. Im Falle des Eintritts der Pflegebedürftigkeit werden Leistungen entsprechend obiger Pflegetabelle gezahlt. Die Pflegebedürftigkeit wird durch die Krankenversicherung festgestellt, die auch die Einstufung vornimmt, nach denen sich die Leistungen bemessen. Die Pflegeleistungen werden regelmäßig vom Medizinischen Dienst der Krankenkasse überprüft, sowohl in Heimen wie auch bei der häuslichen Pflege: Bei Pflegestufe I kommt der Dienst halbjährlich, bei Pflegestufe II und III vierteljährlich. Diese Besuche dienen auch der Beratung der pflegenden Angehörigen.

Wie aus der Pflegetabelle ersichtlich ist, wird für den professionellen ambulanten Pflegedienst sowie für die stationäre Pflege in Heimen ein wesentlich höheres Pflegegeld bezahlt als für die häusliche Pflege durch Angehörige.

Aus eigener Erfahrung weiß ich, daß es unmöglich ist, erwerbstätig zu sein und gleichzeitig eine Pflegeperson mit Pflegestufe II oder III zu versorgen. Aber lächerliche Pflegegelder von 205, über 410 bis zu 665 Euro (je nach Pflegestufe) sind kein Ersatz für ein Erwerbseinkommen. Wenn man die Pflegegelder auf die Mindestzeiten in den verschiedenen Pflegestufen umrechnet, kommt man für einen pflegenden Angehörigen auf einen Bruttolohn von 4,55 Euro pro Stunde. Aber die tatsächlich geleisteten Arbeitszeiten für schwer und schwerst Pflegbedürftige liegen viel höher: In der Regel ist eine Rund-um-die-Uhr-Bereitschaft erforderlich. Dann entsprechen die von der Pflegeversicherung gezahlten Gelder einem Hungerlohn und stellen eine Ausbeutung der pflegenden Angehörigen dar.

Das Pflegegeld ist kein Ersatz – nicht einmal für das geringste existenzsichernde Erwerbseinkommen. Familien mit geringem

Einkommen können es sich deshalb häufig gar nicht leisten, ihre Angehörigen zu Hause zu pflegen, weil auch die Frauen in diesen Familien mitarbeiten müssen. Für höherqualifizierte und besserverdienende Frauen und Männer wiederum bietet das Pflegegeld keinen Anreiz zu häuslicher Pflege, weil der Einkommensverlust bei Unterbrechung oder Aufgabe des Berufs sehr hoch ist.

Es wundert also nicht, daß der Anteil der häuslichen Pflege durch Angehörige kontinuierlich zurückgegangen ist. Und das produziert Kosten, denn die professionelle ambulante Pflege sowie die Heimpflege sind deutlich teurer als die Pflege in der Familie, und das bei oft schlechterer Qualität.

Für die Pflege der Alten werden wir in Zukunft in jedem Fall mehr Geld ausgeben müssen als heute. Aber genau deswegen muß man heute überlegen, wie man sie so organisieren kann, daß bei hoher Qualität die Kosten möglichst in Grenzen gehalten werden. Sonst wird das Ganze nicht finanzierbar, und es kommt zu einem Konflikt zwischen den Generationen.

Wir müssen den Trend „weg von der häuslichen Pflege" wieder umkehren. Die Pflege durch Angehörige ist heute billiger als die professionelle, und sie wird selbst bei angemessener Bezahlung kostengünstiger bleiben. Die Pflege im privaten Haushalt läßt sich mit anderen Tätigkeiten kombinieren: Während die Hausfrau/der Hausmann kocht, kann sie/er gleichzeitig die Hausaufgaben der Kinder überwachen und sich mit der Oma unterhalten. Dadurch entstehen Produktivitätsvorteile (siehe auch Kapitel 10). Wird für die Familie eingekauft, kann man auch gleich alle Besorgungen für die Pflegeperson erledigen. Im Vergleich mit der professionellen ambulanten Pflege fallen zum Beispiel auch keine An- und Rückfahrtskosten an. Man muß Familienmitgliedern auch nicht jede Stunde Bereitschaftsdienst bezahlen, weil sie sowieso zu Hause und damit für den zu Pflegenden verfügbar sind. Darüber hinaus werden viele Familien bereit sein, aus Liebe oder moralischer Verpflichtung, Angehörige selbst dann zu versorgen, wenn sie dadurch gewisse finanzielle Einbußen haben.

Ein großer Vorteil der häuslichen Pflege ist auch, daß die Tätigkeit der pflegenden Angehörigen nicht wie bei den Ärzten und dem Pflegepersonal in Krankenhäusern und Pflegeheimen dokumentiert werden muß. Heute beschweren sich viele Pflegekräfte darüber, daß sie mehr Zeit mit Bürokratie zubringen müssen als sie den Pflegebedürftigen zuwenden können. Auch kranken die Pflegeeinrichtungen daran, daß es einen riesigen, durchaus auch gutbezahlten personellen Überbau (Direktor, leitende Pflegekräfte etc.) gibt, während vor allem an schlechtbezahltem Hilfspersonal, das sich den Pflegebedürftigen widmet, gespart wird. Mit der Folge, daß die Pflegebedürftigen zuwenig Ansprache erhalten. In der häuslichen Pflege können sich die Angehörigen auf die Pflege und familiäre Einbindung des Pflegebedürftigen konzentrieren. Deshalb kann dort die Pflege rationeller, das heißt mit weniger Arbeits- oder Personalaufwand, gestaltet werden. Deshalb ist sie billiger und besser.

Mit der jetzt in Angriff genommenen Reform der Pflegeversicherung muß daher die Ausbeutung der pflegenden Angehörigen beendet werden, und das System muß Anreize dafür bieten, die Pflege wieder in den häuslichen Bereich zurückzuführen. In diesem Zusammenhang muß darauf hingewiesen werden, daß die Pflegesätze, die derzeit für die stationäre Pflege in Heimen gezahlt werden, die Pflegebedürftigen in erheblicher Weise subventionieren, und zwar zu Lasten der Beitragszahler der Pflegeversicherungen, also der Arbeitnehmer. Ein Beispiel: In einem Pflegeheim in unserer Nähe muß ein Heimbewohner monatlich 1792,20 Euro (das entspricht den Gesamtkosten seiner Versorgung) bezahlen. Kommt er in die Pflegestufe I, übernimmt die Pflegeversicherung von den entstehenden Gesamtkosten in Höhe von 2189,70 Euro einen Betrag von 1023 Euro, so daß der Heimbewohner nur noch 1166,70 Euro bezahlen muß. Auch in den Pflegestufen II und III, für die es monatlich 1279 Euro und 1432 Euro Pflegegeld gibt, subventioniert die Pflegeversicherung den Pflegebedürftigen. Insbesondere für Pflegebedürftige der unteren Stufen besteht dadurch ein Anreiz, sich für eine stationäre Pflege zu entscheiden, die für die Allgemeinheit sehr teuer ist. Selbst die Beträge, die für die ambulante Pflege durch professionelle Pflegedienste geleistet wird, sind, wie obige Tabelle zeigt, recht hoch und sollen nach dem ersten Entwurf (August 2006) für die Pflegereform noch weiter angehoben werden. Dahinter steht das Leitbild einer menschenwürdigen Pflege mit dem Ziel eines möglichst selbständigen und selbstbestimmten Lebens.

Dieses Leitbild ist nützlich, wenn es zum Beispiel um jüngere oder noch nicht sehr alte Pflegebedürftige, die körperliche Gebrechen haben, geht. Sehr altersschwache und/oder demente Pflegebedürftige können dagegen nicht allein durch einen ambulanten Pflegedienst zu Hause versorgt werden. Denn sie brauchen in der Regel eine Rund-um-die-Uhr-Betreuung oder -Bereitschaft, die ein ambulanter Pflegedienst nicht bieten kann.

Ein solcher Pflegedienst ist also teuer und bringt weniger Leistung, weniger als die stationäre Pflege, die eine permanente Bereitschaft bietet, und weniger als die häusliche Pflege durch Angehörige, die ebenfalls meistens verfügbar sind.

Die Pflege in der Familie sollte deshalb nicht nur aus Kostengründen, sondern auch wegen der Qualität der Pflege besser entlohnt und gefördert werden. Angemessen wäre mindestens eine knappe Verdoppelung der Pflegesätze. Das entspricht in

Pflegestufe I: 400 Euro,
Pflegestufe II: 800 Euro und in
Pflegestufe III: 1300 Euro.

Das Leben als Pflegebedürftiger und das oft langwierige Sterben als alter oder kranker Mensch läßt sich in Würde zu Hause im Kreise der Familie immer noch am besten verwirklichen.

Aus eigener Erfahrung und vielen Gesprächen mit professionellen Pflegern und pflegenden Angehörigen heraus will ich einige Fragen ansprechen, die sich bezüglich der Pflege älterer Menschen ergeben und die in der öffentlichen Diskussion, so weit ich sie bisher wahrgenommen habe, zu selten zur Sprache kommen.

Zunächst einmal möchte ich darauf hinweisen, daß ältere Pflegebedürftige in der Regel organisch sehr gesund sind. Sonst wären sie nämlich nicht so alt geworden. Allerdings lassen ihre Sinne und ihre körperlichen, geistigen und auch seelischen Kräfte kontinuierlich nach: Sie hören nicht mehr gut, sie sehen immer schlechter, sie schmecken weniger, sie können schlechter beißen, sich nicht mehr bücken, keine Treppen laufen, das Gleichgewichtsgefühl läßt nach, und sie fallen öfter hin; irgendwann gehen sie nur noch mit dem Gehwagen und das nicht zu weit. Die geistigen Einschränkungen äußern sich zunächst in Störungen des Kurzzeitgedächtnisses, die fortlaufend zunehmen, in der Unfähigkeit, neue Dinge zu lernen, in der mehrfachen Wiederholung gleicher Erzählungen, in einer abnehmenden Urteils- und Entscheidungskraft.

Auch nervlich und seelisch sind die Alten nicht mehr so belastbar wie früher: Größere Aufregungen, anstrengende Diskussionen, selbst Feste im Familienkreis, häufigere Besuche von Bekannten oder Verwandten und selbst das Fernsehen oder Radiohören regen sie zu sehr auf. All diese Einschränkungen bewirken, daß der Wirkungskreis und Gesichtskreis der älteren Menschen immer kleiner wird. Zuerst verliert man die Lust auf Reisen und dann auf Ausflüge in die nähere Umgebung, bis man irgendwann nur noch zu Hause bleiben will oder kann.

Ähnlich verhält es sich mit Kontakten zu anderen Menschen: Zum einen sind die Freunde und Bekannte der eigenen Altersgruppe meist schon gestorben, und zum anderen strengen die Gespräche mit Verwandten und Bekannten zu sehr an, so daß man nur die allernächsten Freunde oder Verwandten sehen möchte. Irgendwann nur noch die engste Familie, genaugenommen die Kinder und Enkelkinder.

Auch nimmt das Interesse an Bereichen wie Politik, Wissenschaft, Kunst oder anderen Interessengebieten ab. Schließlich geht man ja davon aus, nicht mehr allzulange zu leben, so daß gerade in die Zukunft gerichtete Fragen, und das ist die Mehrzahl, einen nicht mehr betreffen.

So wie das Baby bzw. Kleinkind Stück für Stück die Welt entdeckt und seinen Horizont erweitert, so zieht sich umgekehrt der alte Mensch aus seiner Umgebung und damit auch Schritt für Schritt aus dem Leben zurück. Und auch die Verhaltensweisen der aus dem Leben Tretenden gleichen sich den ins Leben Tretenden an: Die Sicht der Älteren ist zunehmend auf die eigenen Bedürfnisse gerichtet, Wünsche, Erledigungen oder auch Forderungen müssen sofort erfüllt werden (aus Angst, daß man etwas vergessen könnte), das Verständnis für die Lebenswirklichkeit und die Bedürfnisse anderer kommt immer mehr abhanden. Wie beim Neugeborenen steht am Ende des Lebens die Befriedigung körperlicher und seelischer Bedürfnisse im Vordergrund: Man will es nicht zu warm haben und nicht zu kalt, nicht zu hell und nicht zu dunkel, man will schmerzfrei sein, keinen Durst und Hunger haben, und wie das Baby seine Eltern, so wünscht der Sterbende seinen Ehepartner und/oder seine Kinder um sich zu haben, deren Zuwendung im Mittelpunkt seines Denkens und Fühlens steht.

Altwerden und Sterben sind zunächst beschwerlich, später schmerzlich. Auch wenn sich die körperlichen Schmerzen in Grenzen halten oder wirksam mit Medikamenten bekämpft werden, so bleibt doch das Nachlassen der Kräfte. Die älteren Menschen leiden erheblich unter ihrer Schwächung. Vielen fällt es schwer, ihre Hilflosigkeit, Unselbständigkeit und Abhängigkeit von der Unterstützung anderer zu akzeptieren. Das fällt gerade denjenigen am schwersten, die immer aktiv waren und ihr eigenes Leben und vielleicht auch das anderer „gemanagt" haben. Neben körperliche Schwäche und Müdigkeit treten erst Gedächtnisverlust, mangelnde Konzentrationsfähigkeit und begrenzte geistige Ausdauer, später dann oft eine mehr oder weniger ausgeprägte Verwirrtheit. Früher hing ich – wie viele andere – dem Irrtum nach, daß die Betroffenen von ihrer zunehmenden Demenz nichts merken. Das ist aber leider nicht der Fall. Die Demenz wird häufig von Augenblicken durchbrochen, in denen man geistig wieder „da ist" und in vollster Klarheit die eigene Verwirrtheit erkennt: Für die Betroffenen ist das ganz entsetzlich und es macht sie sehr traurig. Die seelische Schwäche äußert sich vor allem in zunehmender Unruhe und Ängsten, beides meist unbegründet und deswegen auch schwer von der Umgebung in den Griff zu kriegen. Deshalb wundert es nicht, wenn sich viele ältere Menschen früher oder später wünschen, daß sie bald von ihren Leiden erlöst werden.

Aber leider kommt der Tod nicht, wenn man ihn ruft. Und wenn man Pech hat, gehört man zu der Mehrheit derjenigen, die im Krankenhaus sterben müssen. Und das vollzieht sich, wie wir alle wissen, nicht immer unter den menschenwürdigsten Bedingungen, sondern hängt davon ab, an welche Ärzte und welches Pflegepersonal man gerät und inwieweit die Angehörigen ein Auge darauf haben, wie der Sterbende behandelt wird.

Dabei ist es weniger der Unfähigkeit einzelner Kliniken anzulasten, wenn das Sterben im Krankenhaus so schwer ist, als unsere Flucht vor der Frage, wie wir sterben wollen bzw. wie sich das Sterben in Frieden und Würde gestalten läßt. Individuell verdrängen wir alle das Thema, weil wir nicht oder jedenfalls noch nicht sterben wollen oder sogar Angst vor dem Tod haben. Gesellschaftlich, das heißt in der öffentlichen Diskussion, ist die Frage des würdevollen Sterbens weitgehend tabu, weil es in der Nazizeit eine Form der aktiven Sterbehilfe gab, die der Beseitigung „unwerten Lebens" gleichkam. Seither ist es in unserem Lande nicht möglich, frei und unvoreingenommen über humanes Sterben und einen würdevollen Tod zu sprechen.

Deshalb hat es das Personal in Krankenhäusern und Pflegeheimen auch nicht einfach. Es ist gesetzlich verpflichtet, schmerzstillende Mittel nur soweit zu verabreichen, wie sie nicht lebensverkürzend wirken, und den Tod durch lebenserhaltende Maßnahmen so weit wie möglich hinauszuzögern, wollen sie nicht wegen unterlassener Hilfeleistung zur Verantwortung gezogen werden. Aufgrund der unsicheren Rechtslage hinsichtlich von Patientenverfügungen ist noch nicht einmal sichergestellt, daß der in einer Patientenverfügung ausgedrückte Patientenwillen im Sterbensfall berücksichtigt wird. Man hat heutzutage Glück, wenn man an Ärzte gerät, die sich an Patientenverfügungen halten und dem Sterbenden ermöglichen, vor seinem Tode nicht zu lange zu leiden. In Deutschland gibt es glücklicherweise viele vernünftige Ärzte, die quasi „unter der Hand" passive Sterbehilfe leisten, das heißt Maßnahmen in die Wege leiten, die dem Patienten Schmerzen ersparen, auch wenn sie lebensverkürzend wirken. Und auch die zunehmende Zahl von Hospizen bietet einen Ausweg, das Sterben nicht unnötig zu erschweren und zu verlängern.

Wenn man aber Pech hat, gerät man im Sterbensfall in die Mühlen der Apparatemedizin und erleidet einen langen und unmenschlichen Tod. Engagierte Angehörige, die wissen, wie der

Sterbende seine letzten Monate, Tage oder Stunden verbringen wollte, können ihn vor einem solchen Tod bewahren. Fehlt aber diese liebevolle Betreuung, wenn man keine Familie oder Freunde hat oder diese sich nicht um einen kümmern können oder wollen, ist man dem „System" ausgeliefert, denn der Sterbende befindet sich in einem Zustand, in dem er seine Interessen nicht mehr selbst formulieren und durchsetzen kann.

Für Alten- und Pflegeheime stellt sich die Problematik ähnlich wie für die Krankenhäuser. Tritt bei einem Bewohner ein wie auch immer gearteter Notfall ein, wird man ihn im Zweifelsfall ins Krankenhaus bringen, um nicht den Verdacht einer unterlassenen Hilfeleistung aufkommen zu lassen. (Möglicherweise bringt es für das Heim auch finanzielle Vorteile, wenn sehr betreuungsintensive, weil akut erkrankte Pflegepersonen in ein Krankenhaus abgeschoben werden können, wo die Allgemeinheit die Kosten ihrer Behandlung tragen muß.) Ich kenne auch Pflegeheime, die sich bemühen, Sterbende nicht in die Klinik zu bringen, oder die darauf achten, daß sie nach einem Notfall so schnell wie möglich wieder aus dem Krankenhaus ins Heim geholt werden, damit sie dort im Kreis ihrer Angehörigen in Ruhe sterben können. Aber eine Garantie für einen humanen Tod hat man in Pflegeheimen nicht.

Pflegeheime bieten auch keine Garantie für eine qualitativ hochwertige Pflege. Immerhin hat der Medizinische Dienst der Krankenkassen (MDK) nach einer Ende 2004 vorgelegten Untersuchung festgestellt, daß in 17 Prozent der stationären Pflegefälle Mängel dokumentiert wurden. Dabei muß man noch berücksichtigen, daß die „Kontrollbesuche" des MDK in den Pflegeheimen in der Regel angekündigt werden, so daß diese sich „darauf vorbereiten" können. Deshalb ist nicht auszuschließen, daß die Qualität der täglichen Pflege in den Heimen in Wirklichkeit schlechter ist als dokumentiert. Aber „neben sehr schlechten gebe es auch sehr gute Pflegeeinrichtungen", stellte der MDK-Geschäftsführer Peter Pick fest, nur fehlten für die Pflegebedürftigen und ihre Angehörigen die Instrumente, mit denen sie sich über die Qualität der Heime informieren könnten. Natürlich kann man von Angehörigen aus einem schlechten Pflegeheim herausgeholt werden, was aber tun diejenigen, die niemanden haben, der sich im Alter um ihr Wohlsein kümmert?

Für den vom Leben Abschied nehmenden Menschen stellt es insbesondere ein Problem dar, wenn er keine ihm nahestehenden Menschen hat oder von ihnen allein gelassen wird. Alle Pflegekräfte, mit denen ich bisher über das Wohlbefinden von Heimbewohnern gesprochen habe, haben mir zweierlei bestätigt: Erstens, daß alle Menschen, die gegen ihren Willen ins Heim gebracht wurden, unglücklich und traurig sind, und zweitens, daß am Ende ihres Lebens stehende pflegebedürftige Menschen mit Ungeduld die Besuche ihrer Angehörigen erwarten. Es bestätigt sich hier die Erfahrung, daß am Ende des Lebens das gleiche im Mittelpunkt steht wie am Anfang des Lebens: die Liebe von Menschen, die mit einem eng verbunden sind. Beim Kind sind das meist die Eltern, bei dem alten Menschen die Kinder. Der Schriftsteller Hermann Hesse legte in seinem Roman „Narziß und Goldmund" dem sterbenden Goldmund folgende Worte in den Mund: „Aber wie willst du denn einmal sterben, Narziß, wenn du doch keine Mutter hast? Ohne Mutter kann man nicht lieben. Ohne Mutter kann man nicht sterben."

Deshalb ist die humanste Pflege und das friedlichste Sterben immer noch im Kreis der Familie oder eventuell auch im Kreis von Freunden zu gewährleisten. Selbst der Besitzer der Marseille-Kliniken, einer der größten Klinikbetreiber Deutschlands, möchte seinem Lebensende lieber zu Hause bei seiner Ehefrau und seinen zwei Kindern entgegensehen als in einem Pflegeheim, „noch nicht einmal in einem seiner eigenen" (FAZ vom 28.11.2006).

In der häuslichen Pflege wurden bisher weniger Mängel festgestellt als in der professionellen Heimpflege: In 91 Prozent der Fälle war die Pflege gut. Eine Verbesserung der häuslichen Pflege ist sicher noch möglich und läßt sich wohl am besten dadurch erreichen, daß die Angehörigen in der Pflege und im Umgang mit altersschwachen und vor allem mit dementen Pflegebedürftigen ausgebildet werden, daß ihre Arbeit und Leistung eine größere finanzielle und gesellschaftliche Anerkennung erfährt und daß sie in ihrer Arbeit entlastet werden.

Es hat sich ja inzwischen herumgesprochen: Pflegende Angehörige laufen selbst Gefahr, krank zu werden, weil sie teilweise fast unmenschlichen Belastungen ausgesetzt sind. Das gilt für Personen, die schwer und schwerst pflegebedürftige Personen betreuen, und vor allem für diejenigen, die sich um Demenzkranke kümmern. Diese pflegeintensiven Tätigkeiten bedeuten, daß die pflegenden Angehörigen – es sind meist Frauen – 24 Stunden am Tag, sieben Tage in der Woche, 30 Tage im Monat und zwölf Monate im Jahr Pflegedienste leisten bzw. in Bereitschaft sind, sie jederzeit zu leisten. Diese Arbeit ist noch anstrengender als die oft kraft- und schlafraubende Betreuung eines Babys in den ersten Lebensmonaten, besonders deshalb, weil von den Pflegebedürftigen „wenig zurückkommt". Der alte pflegebedürftige Mensch ist weder hübsch noch süß oder niedlich. Die Versorgung seiner körperlichen Bedürfnisse verlangt ein Maß an Unempfindlichkeit, das die wenigsten von uns aufbringen können. Egal, wie man sich bemüht, fühlen sich die Pflegebedürftigen krank oder schwach und jammern. Werden ihre Wünsche nicht sofort erfüllt, werden sie oft aggressiv. Nicht selten spucken sie dem Pflegepersonal das Essen ins Gesicht oder werden sogar tätlich.

Die „Frankfurter Allgemeine Zeitung" schrieb im August 2006 zum Thema Pflege eines Demenzkranken: „Die Demenzerkrankung eines Partners zu begleiten, erfordert eine beinahe grenzenlose Kraft, Geduld, Hingabe. Die Pflege zu Hause mündet nicht selten in Überforderung, Krankheit des Pflegenden, ja sogar in Gewalt." Gewalt von beiden Seiten. Dem nicht selten auftretenden Terror des Pflegebedürftigen antwortet die Pflegeperson mit Ignoranz, verbaler oder sogar körperlicher Gewalt. Das gilt teilweise für das überforderte Personal in Pflegeheimen und teilweise für pflegende Angehörige, deren Liebe und Verbundenheit mit dem Pflegebedürftigen nach und nach aufgezehrt werden kann von dessen Persönlichkeitsveränderung und dem damit verbundenen Verhalten. Wenige Menschen verdienen soviel Hochachtung wie die Frauen und Männer, die sich über einen längeren Zeitraum hinweg der liebevollen Pflege eines behinderten, alten oder dementen Angehörigen widmen.

Man kann sich jedoch kaum vorstellen, daß in Zukunft die zunehmende Zahl der pflegebedürftigen Menschen und insbesondere die der Demenzkranken unter den gegebenen Bedingungen zu Hause gepflegt werden wird. Wie bereits erwähnt, kommt die häusliche Pflege heute einer unglaublichen Ausbeutung der pflegenden Angehörigen gleich. Die Pflegeleistung ist enorm, die gesellschaftliche Anerkennung dafür reicht von freundlichen Worten bis zu mitleidsvollen Bemerkungen, und die finanzielle Entlohnung im Rahmen der Pflegeversicherung ist einfach lächerlich. Sogar von den Familienangehörigen selbst wird die Pflegetätigkeit, die meist von einer nichterwerbstätigen oder teilerwerbstätigen Hausfrau geleistet wird, nicht angemessen gewürdigt und unterstützt. Vielmehr bietet die Bereitschaft der „Nur-Hausfrau", „die ja sowieso nicht ausgelastet ist", den erwerbstätigen Geschwistern und den Geschwistern der Ehepartner eine gute Ausrede, sich nicht selbst um die Pflegebedürftigen zu kümmern. Sie müssen ja schließlich arbeiten (was die Hausfrau auch tut) und Geld verdienen (was die Hausfrau leider nicht tut). Ihre Leistung wird auch innerfamiliär gern umsonst in Anspruch genommen. Ab und zu erklärt man ihr mal, wie dankbar man ihr dafür ist, daß sie die Oma oder den Opa aufgenommen hat: Das war's dann.

Die Pflegebedürftigen selbst verhalten sich oft auch nicht anders. Diejenigen von ihnen, die mit den pflegenden Angehörigen täglich zusammenleben, nerven diese häufig nicht nur, indem sie sie in ihrer Pflegetätigkeit kritisieren, sondern indem sie sich sogar in ihr Leben einmischen und versuchen, ihre Lebensweise in unangemessener Form zu beeinflussen. Demgegenüber befinden sich die erwerbstätigen Geschwister in einer privilegierten Situation. Nach dem Motto „Was ich nicht weiß, macht mich nicht heiß" mischen sich Oma und Opa nicht in die Angelegenheiten ihrer außerhäusigen Kinder ein und neigen erstaunlicherweise sogar noch dazu, die beruflichen und sonstigen Leistungen dieser Kinder besonders hervorzuheben – am besten noch vor den Ohren der sie pflegenden Hausfrau. Die Hausfrau muß sich also in ihrer aufopferungsvollen Tätigkeit noch kritisieren lassen, während der/die erfolgreiche Sohn/Tochter in der Ferne über alle Maßen gelobt wird und man sich tagelang auf seinen/ihren Besuch freut. Und um das Maß voll zu machen, kommt der Hausfrau auch innerfamiliär meist keine besondere finanzielle Anerkennung für ihre Tätigkeit zu: Geschenke von seiten der Pflegebedürftigen und später das Erbe werden in der Regel gleichmäßig auf die Kinder verteilt: Diejenigen, die nichts getan haben, profitieren genauso wie diejenigen, die sich aufgeopfert haben.

Die mehrfache Ausbeutung der pflegenden Angehörigen spricht sich langsam herum – und entsprechend sinkt der Anteil der häuslichen Pflege. Er wird sich noch mehr verringern, weil die Frauen, die bisher in der Regel die Pflege geleistet haben, zunehmend erwerbstätig sind und diesen Dienst deshalb nicht übernehmen können, und auch weil Angehörige aus Überforderung in zunehmenden Maße Pflegebedürftige ins Heim bringen werden. Dort muß dann das Pflegepersonal mit den Problemen fertig werden: Auch da findet gesellschaftliche Ausbeutung statt. Im Durchschnitt halten es Pflegekräfte nicht länger als sieben Jahre aus, in der Altenpflege zu arbeiten. Fragt sich, wann uns das Personal in den Heimen ausgehen wird. Schließlich klagen schon heute Heimbewohner darüber, daß das der deutschen Sprache nicht mächtige Personal noch nicht einmal versteht, welche Wünsche sie äußern.

Die Probleme in der Pflege haben erst angefangen. Unsere Gesellschaft ist sich überhaupt nicht im klaren darüber, was uns in Zukunft erwartet. Noch lebt eine Generation von Pflegebedürftigen, die in der Regel Kinder haben, die sich zu Hause um sie kümmern oder sie zwar in Pflegeheime geben, sie dort aber regelmäßig betreuen (was auch notwendig ist). Noch sind die geburtenstarken Jahrgänge nicht in der Rente, geschweige denn, daß sie Pflegefälle wären; jene geburtenstarken Jahrgänge, die es versäumt haben, Kinder in die Welt zu setzen, die sich im Alter um sie kümmern. Wenn die heute noch arbeitenden Generationen glauben, ihre Altersversorgung sei dadurch sichergestellt, daß sie eine staatliche oder betriebliche Rente (Nur 50 Prozent der Pensionsverpflichtungen deutscher Unternehmen waren im Jahr 2005 durch Kapital gedeckt!) beziehen und vielleicht Geld aus Immobilien, Aktien, einer Lebensversicherung oder Wertpapieren erhalten; und wenn sie annehmen, daß zu gegebener Zeit ausländische Pflegekräfte ins Land geholt werden, um den Personalnotstand in Alten- und Pflegeheimen sowie Krankenhäusern in den Griff zu bekommen, dann unterschätzen sie die auf uns zukommenden Schwierigkeiten. Die Bevölkerung altert weltweit, und wenn unsere geburtenstarken Jahrgänge ihr angespartes Vermögen im Alter verflüssigen wollen, könnten fallende Preise ihnen einen Strich durch die Rechnung machen. Dann wird ihr zurückgelegtes Geld nicht mehr den früheren Wert haben, und sie hätten es besser in Kinder investiert. Von denen würden sie im Alter auch liebevoller umsorgt werden als von eingewandertem Personal, das sie nicht kennen, zu dem sie keinen langjährigen persönlichen Bezug haben, und das ihnen auch bei gutem Willen keine tröstenden Worte sagen kann, weil es die deutsche Sprache nicht beherrscht.

Wenn ich so ausführlich über den Zustand von Pflegebedürftigen und den Schwierigkeiten, sie zu versorgen, schreibe, dann nicht nur, um für Kinder und für die häusliche Pflege zu werben, die unter der Voraussetzung akzeptabler Bedingungen immer die humanste und kostengünstigste Form sein wird, sondern auch, um bei den Lesern dieses Buches notwendige Überlegungen dazu anzustoßen, wie sie ihr Alter und Sterben gestalten wollen. Das muß frühzeitig geschehen. Es ist unbedingt notwendig, alle relativ wahrscheinlichen Eventualfälle des eigenen Alterns und Lebensendes zu durchdenken und zu planen, sofern man ein Interesse hat, bis zu seinem Lebensende einigermaßen gut und selbstbestimmt zu leben.

Und man sollte rechtzeitig mit seiner Familie oder seinen Freunden besprechen, wie beim Eintreten eines gesundheitlichen Notfalls oder im Sterbefall zu verfahren ist. Wer dagegen keine Kinder hat, muß sich frühzeitig mit der Frage seines Alterns befassen.

12 WIR HABEN UNS NICHT VERBESSERT!

„Wir haben uns nicht verbessert!" Das jedenfalls behauptet eine mit mir befreundete Akademikerin, die vollzeiterwerbstätig ist und sich gleichzeitig um ihre vierköpfige Familie kümmert. Als Gymnasiallehrerin hat sie sogar den Vorteil, hauptsächlich vormittags zu arbeiten, während ihre Kinder in derselben Schule unterrichtet werden. Ab und zu finden zwar Lehrerkonferenzen oder Weiterbildungsveranstaltungen am Nachmittag statt, aber dies ist eher die Ausnahme. Unterrichtsvorbereitung, Korrekturen von Klassenarbeiten usw. lassen sich nachmittags, abends oder auch am Wochenende zu Hause erledigen. Genug Flexibilität also, um zwischendurch einzukaufen, für die Familie zu kochen, die Hausaufgaben der Kinder zu beaufsichtigen, die Kinder zum Sport oder Musikunterricht zu fahren, Termine mit ihren Freunden zu organisieren, den Urlaub zu planen, Material für die Schule zu besorgen und die Kinder einzukleiden. Wenn diese Bekannte unterrichten muß, während eines der Kinder sie braucht, springt auch einmal der ansonsten beruflich stark eingebundene Ehemann ein.

Ökonomisch unabhängig vom Mann, wie die Emanzipationsbewegung der siebziger Jahre es forderte, sind heute viele Frauen; man könnte auch sagen alle, denn schließlich gibt es die Sozialhilfe. Daß die Frauen von ihrer „familiären Versklavung" befreit sind, wofür die Feministinnen ebenfalls kämpften, ist dagegen nicht der Fall. Das Beispiel der Gymnasiallehrerin gilt für die große Mehrheit nicht nur deutscher Frauen: Nach wie vor obliegt den Frauen die Verantwortung für Haushalt und Kinder. Selbst wenn sie erwerbstätig sind und sogar Vollzeit arbeiten. Und hinzu kommt: Diese Haushalts- und Erziehungsarbeit wird weder gesellschaftlich ausreichend anerkannt noch finanziell entlohnt.

So stellt sich die Frage: Sind die Frauen heute trotzdem besser dran als früher? Um das zu beurteilen, muß man einen Blick in die Vergangenheit richten.

Das Leitbild der Hausfrauen- oder Versorgerehe kam in der zweiten Hälfte des 19. Jahrhunderts auf. Grundlegend durchgesetzt wurde es scheinbar durch die nationalsozialistische Diktatur. Deren Politik war aber zweischneidig. Wurde einerseits die Frau als Hausfrau idealisiert und die Mutter mystifiziert, wertete das Naziregime real die traditionelle rechtliche Stellung der Frau in Ehe und Familie ab. Außerdem sollten die Frauen der Wirtschaft als Arbeitskräftereservoir zur Verfügung stehen. Schon für die Umstellung zur Kriegsproduktion wurden sie gebraucht, nach Ausbruch des Krieges mußten dann die als Soldaten eingezogenen Männer in den Fabriken ersetzt werden. Entsprechend wurde die Erwerbsbeteiligung der Frauen schon ab 1936 von der Politik gefördert. Allerdings mit mäßigem Erfolg: Die Erwerbsquote aller Frauen, die sich schon 1907 auf 30,4 Prozent belief, stieg von 1933 bis 1939 nur von 34,2 auf 36,1 Prozent an. Auch während des Krieges erhöhte sie sich nur geringfügig.

Nach 1945 setzte sich das bürgerliche Familienmodell, das seit den Anfängen des 20. Jahrhunderts kulturell dominierte, auch in der Lebensrealität zum ersten Mal durch. Nicht nur in Deutschland, sondern ebenso in anderen europäischen Ländern und den USA wurde von mehr und mehr Familien die Versorgerehe gelebt. Das war möglich, weil die Adenauer-Regierung die Hausfrauenehe unter anderem durch das Ehegattensplitting, die Einführung des Kindergeldes und Mutterschutzes unterstützte. Zum anderen schien dieses Lebensmodell in der Nachkriegszeit auch für viele Frauen attraktiv und wünschenswert zu sein: Nach den Zerstörungen, Entwurzelungen und Unsicherheiten des Krieges sehnten sie sich nach Ruhe, Stabilität, Normalität und Sicherheit. Von Politik wollten sie nicht mehr viel wissen und strebten statt dessen zum privaten Glück in einer Familie. Und zunehmender Wohlstand ermöglichte es immer mehr Männern, ihre Familie allein zu ernähren, so daß die Erwerbstätigkeit ihrer Frauen für das Auskommen der Familien nicht mehr notwendig war.

Ich kann mich noch daran erinnern, wie stolz mancher Arbeiter in meiner Jugend verkündete: „Meine Frau muß nicht arbeiten gehen." Und dieses Ziel strebten nicht nur viele Männer an. Auch Frauen gefielen sich in der Rolle der Hausfrau und Mutter, und manch eine erwerbstätige Frau bedauerte es, wenn sie sich nicht ebenfalls aus dem Berufsleben zurückziehen konnte. Wem an dieser Einschätzung Zweifel kommen, dem seien zwei Beispiele berichtet: Wenn man meine Schwiegermutter fragte, ob sie nach dem Krieg gern erwerbstätig war, wies sie stets darauf hin, ihr sei ja nichts anderes übriggeblieben. Ohne Mann, der im Krieg gefallen war, und mit einer minimalen Kriegerwitwenrente mußte sie den Lebensunterhalt für sich und ihre beiden Zwillingssöhne verdienen. Sie sah sich gezwungen, die beiden Kinder im Alter von neun Jahren in ein Internat zu geben, um ihnen eine gute Ausbildung zu sichern.

Meine Mutter, die wie meine Schwiegermutter praktisch immer erwerbstätig war, kam als Flüchtling mit zwei Koffern, in denen sich ihr gesamtes Hab und Gut befand, aus Oberschlesien nach Frankfurt, wo sie als Angestellte meiner Großeltern meinen Vater kennenlernte. Meine Eltern machten sich mit geringem Eigenkapital und hochverschuldet als Hoteliers selbständig. Selbstverständlich konnten sie sich keine Angestellten leisten. Ohne den Einsatz meiner Mutter hätte das Geschäft nicht existiert, und wir hätten keine Lebensgrundlage gehabt. Auch meiner Mutter „blieb nichts anderes übrig". Gewünscht hätten sich beide Frauen ein Leben an der Seite eines Mannes mit sicherem und gutem Einkommen, das ihnen ermöglichte hätte, sich ausschließlich um die Familie zu kümmern.

Man würde sich übrigens irren, wenn man davon ausginge, daß es in der früheren Hausfrauenehe keine Gleichberechtigung gab. Sie war meines Erachtens sogar die Regel. Denn die Hausfrau der fünfziger Jahre war in ihrer Rolle durchaus anerkannt. Es gab gewissermaßen ein Ethos, wie man als Ehefrau, Hausfrau und Mutter zu sein hatte. Und wenn man seine Rolle gut ausfüllte, erfuhr man auch eine entsprechende gesellschaftliche Anerkennung. Gerade in bürgerlichen oder konservativen Kreisen, aber auch im Arbeitermilieu, wurde und wird manchmal noch heute die Hausfrauenehe oft als eine effiziente Arbeitsteilung zwischen den Ehepartnern aufgefaßt, in der ein Partner das Geld verdient, während der andere ihm den Rücken freihält und dafür sorgt, daß die Kinder gut geraten. Es besteht in diesen Familien das

Einvernehmen: Der erwerbstätige Partner könnte seine volle Leistung nicht erbringen ohne die Unterstützung durch die Ehefrau. Bei diesem auf Freiwilligkeit beruhenden Lebensmodell besteht eine starke gegenseitige Abhängigkeit der Ehepartner, wobei jeder seine unterschiedlichen Pflichten hat, aus denen aber gleiche Rechte abgeleitet werden.

Freundinnen meiner Mutter waren stolz darauf, Männer zu haben, welche die Familie allein ernähren konnten. Die Männer waren wiederum froh, eine Frau vorweisen zu können, welche den Haushalt perfekt führte, sich um die Kinder kümmerte, sie hübsch kleidete und anständig erzog. In diesen Ehen achteten sich die Partner gegenseitig, und sie wurden auch von der Gesellschaft respektiert.

Es gab natürlich auch andere Beziehungen, in denen das nicht so war. Je nach gesellschaftlichem Milieu und abhängig von den konkreten Personen kamen in der Vergangenheit genauso wie heute in den Ehen unterschiedlichste Formen der Unterdrückung vor. Frauen waren häufig körperlicher und psychischer Gewalt ausgesetzt, der sie sich aufgrund der ökonomischen Abhängigkeit vom Mann nicht entziehen konnten.

Manche Hausfrauen hatten auch Schwierigkeiten, mit den Beschränkungen ihrer täglichen Arbeit zurechtzukommen. Sie fühlten sich unglücklich, weil sie „nicht rauskamen", zu wenig Kontakte hatten und geistig unterfordert waren. Insbesondere gebildetere Frauen aus der Mittelschicht litten unter der im Verhältnis zu der Erwerbsarbeit ihres Mannes mangelnden Anerkennung der häuslichen Arbeit und Kindererziehung. Daraus entwickelten sich Minderwertigkeitsgefühle, die sich auf die innerfamiliären Machtverhältnisse auswirken konnten, und zwar in der Form, daß sich die Frauen den Männern unterwarfen, manchmal mehr als nötig. Diese Frauen sahen aber in der Nachkriegszeit keine Alternative zur Versorgerehe, da das Erwerbssystem für sie keine qualifizierten Berufs- und Aufstiegsmöglichkeiten vorsah. Den Frauen wurde zunehmend bewußt, in welchem Umfang sie gegenüber den Männern im Berufsleben benachteiligt waren. Nicht nur, daß Frauen bei gleicher Arbeit weniger Lohn erhielten, sie verfügten auch bei weitem nicht über die Karrieremöglichkeiten der Männer.

Die durch die Studentenrevolution beeinflußte Frauenbewegung setzte die Ansicht gesellschaftlich durch, die Gleichberechtigung der Frauen könne nur erreicht werden, wenn diese im Beruf die gleichen Chancen haben wie die Männer und wenn die Haus- und Erziehungsarbeit zwischen beiden Geschlechtern aufgeteilt wird. Entsprechend kämpften die Frauen zunächst dafür, daß sie gleiche Einstiegschancen im Job erhielten, gleicher Lohn für gleiche Arbeit gezahlt wurde und die berufliche Karriereleiter auch für sie geöffnet wurde. Die Sozialhilfe half dabei, die Frauen, die sich vom Ehemann getrennt hatten, finanziell abzusichern, wenn auch auf niedrigem Niveau. In dieser Zeit wurden auch Frauenhäuser eingerichtet, in die von Männern geschlagene Partnerinnen – auch mit ihren Kindern – flüchten konnten. Die Folgen dieser „Befreiung der Frauen" schlugen sich in einer stark ansteigenden Zahl von Scheidungen nieder, die in der Mehrzahl der Fälle von den Frauen beantragt wurden. Diese Entwicklung hält bis zum heutigen Tag an.

Die Emanzipationsbewegung der siebziger Jahre wurde durch verschiedene gesellschaftliche Entwicklungen unterstützt. Eine große Rolle für die Gleichberechtigung der Frauen im Erwerbsleben spielte die Bildungsexpansion, die etwa zeitgleich in Gang gesetzt wurde. Inzwischen verfügen die jungen Frauen, zumindest bis nach dem Studium, über höhere Bildungsabschlüsse als die gleichaltrigen Männer. Außerdem wurden und werden von der Wirtschaft immer höherqualifizierte Kräfte verlangt. Diese Nachfrage läßt sich schon seit langem nicht mehr von den Männern allein decken. Natürlich stellt die Wirtschaft lieber eine fachlich kompetente Frau ein als einen weniger gut ausgebildeten Mann. Die Arbeitgeber freuen sich auch, wenn durch die zunehmende Erwerbstätigkeit der Frauen das Arbeitskräftereservoir zunimmt, weil sie dann die Löhne der Männer besser unter Kontrolle haben. Dies wird noch dadurch unterstützt, daß durch die berufliche Tätigkeit der Frau das Familieneinkommen gesteigert wird. So kann der Mann auf Lohnerhöhungen leichter verzichten. Denn er muß ja nicht mehr die Familie allein ernähren. Wenn die Löhne nicht mehr steigen, so wie in den letzten 15 Jahren, arbeitet halt die Ehefrau mit oder erhöht ihre Arbeitszeit.

Ohne die zunehmende Erwerbstätigkeit der Frauen hätte die Lohnentwicklung der Männer in den vergangenen Jahren ganz anders ausgesehen. Dies erklärt auch das vehemente Interesse der Wirtschaft an einer zunehmenden beruflichen Tätigkeit der Frauen. Man muß sich deshalb nicht wundern, daß familienpolitische Vorschläge des Bundesfamilienministeriums in letzter Zeit oft zusammen mit Wirtschaftsverbänden erarbeitet und vorgestellt werden.

Der noch immer vorherrschende Ruf der Frauenbewegung nach der Gleichstellung der Frau im Erwerbsleben wird – verbunden mit den Vorstellungen der Wirtschaft – auch in Zukunft dafür sorgen, daß Frauen in zunehmendem Maße die beruflichen Karriereleitern erklimmen. Allerdings darf bezweifelt werden, daß die Frauen in absehbarer Zeit beruflich mit den Männern völlig gleichziehen werden. Anders als die Frauenbewegung meint, wird das nicht daran liegen, daß die Frauen weiterhin in der Erwerbswelt benachteiligt werden. Das ist nämlich zunehmend weniger der Fall. Wirtschaft wie Wissenschaft und Politik können auf die Qualifikation und Einsatzbereitschaft der Frauen gar nicht mehr verzichten. Sie werden deshalb, gerade im gehobenen und höheren Bereich der Verwaltung und des Managements, zunehmend gefördert. Eine Gleichheit wäre sicher irgendwann erreicht, wenn dieser nicht zwei Kleinigkeiten entgegenstünden. Nämlich erstens die Berufswahl und zweitens die Prioritäten der Frauen. Frauen machen in den „karriererelevanten" Studiengängen wie Betriebswirtschaft, Ingenieur- und Naturwissenschaften nur 25 Prozent der Studierenden aus. Außerdem entscheiden sich viele Frauen dazu, Teilzeit zu arbeiten und sich im übrigen um die Familie zu kümmern. Das kommt in der Regel einem Ende ihrer beruflichen Karriere gleich.

Es hat allerdings den Anschein, als hätten viele Frauen damit gar keine Probleme. Sie wollen Job und Familie vereinbaren. An einer beruflichen Karriere liegt ihnen entweder nicht viel, oder sie meinen, diese lasse sich nicht mit ihren familiären Bedürfnissen und Pflichten unter einen Hut bringen. Für diese Einschätzung spricht viel. Nur die wenigsten Karrierefrauen sind in der glücklichen Lage, ihren beruflichen Erfolg mit einer Familie teilen zu können.

Viele Frauen in Spitzenpositionen sind Singles, unter den verheirateten sind viele kinderlos – und wenn Karrierefrauen doch Kinder haben, dann meist nur eines. Der Aufstieg im Beruf wird für diese Frauen dadurch erkauft, daß sie im Privatleben einen nicht unwesentlichen Verzicht leisten: Sie haben keine Kinder! Das mag nicht für jede Frau ein Problem darstellen, aber diese Prioritätensetzung entspricht nicht dem Wunsch der Mehrheit der Frauen.

Im übrigen trifft das Phänomen der Kinderlosigkeit nicht nur auf die Frauen in Spitzenpositionen zu. Wie die Journalistin Susanne Gaschke in ihrem Buch „Die Emanzipationsfalle" beschrieben hat, bedeuten die erfolgreiche Ausbildung und ein gelungener beruflicher Einstieg häufig das „familiäre Aus"; insbesondere für Akademikerinnen. Zu lange dauert es, bis sie ihre Ausbildung absolviert und im Beruf Fuß gefaßt haben und sich umschauen, „wo der Mann ihrer Träume ist". Der ist dann schon an eine andere vergeben und hat mit ihr bereits drei Kinder. Umfragen zeigen, Akademikerinnen – und auch Akademiker – sind nicht kinderlos, weil sie kinderfeindlich sind, über kein ausreichendes Einkommen verfügen oder weil sie Beruf und Familie nicht vereinbaren können. Sie sind kinderlos, weil ihnen der passende Partner fehlt oder sie schon zu alt sind. In diesen Fällen hilft kein Erziehungsgeld, denn das schafft keinen Mann heran und macht auch nicht um zehn Jahre jünger.

In all diesen Fällen ist die Kinderlosigkeit keine bewußte oder unbewußte Entscheidung gegen Kinder. Sie ergibt sich vielmehr und ist ab einem gewissen Zeitpunkt schon aus rein biologischen Gründen unumkehrbar. Aber: Fortpflanzung ist das Ziel des Lebens, das ist von der Natur so vorgegeben. Die meisten von uns können sich dem in ihren Seelen wohnenden Kinderwunsch nicht entziehen. Das scheint insbesondere für Frauen zu gelten. Und wenn sie sich diesem Wunsch aus ideologischen, das heißt vor allem feministischen oder auch ökonomischen Gründen verschließen, laufen sie unter Umständen Gefahr, unglücklich oder gar krank zu werden. Das gilt natürlich nicht für jede einzelne Frau. Aber immerhin mehren sich die Patientinnen bei Psychiatern und Psychotherapeuten, die von Depressionen und Angstzuständen geplagt werden, deren Ursache ein unerfüllter Kinderwunsch ist.

Und was soll aus diesen Frauen werden? Wenn sie erst einmal ein gewisses Alter erreicht haben, kann die Ursache ihres Leidens schon aus biologischen Gründen nicht behoben werden.

Viele Frauen könnten in Zukunft vor der deprimierenden Erkenntnis stehen, daß sie keine Kinder haben und auch nie welche haben werden. Dies ist der Preis, den sie für ihre Befreiung und die über die eigene Erwerbstätigkeit gewonnene finanzielle Unabhängigkeit von den Männern bezahlen. Ein hoher Preis. Vielleicht ein zu hoher Preis.

Und es ist nicht der einzige. Auch die ehemalige Bundesfamilienministerin Renate Schmidt gelangte in einer Publikation ihres Ministeriums aus dem Jahr 2001/2002 mit dem Titel „Wo bleibt die Zeit?" zu der Erkenntnis, „daß der zeitliche Umfang der Leistungen im Haushalt und im Ehrenamt, die nicht bezahlt werden, größer ist als das Zeitvolumen der bezahlten Arbeit im Beruf", und zu der Einsicht, „daß die Belastung von Frauen und Männern durch Leistungen im Beruf, für Haushalt und für Kinder nach wie vor ungleich verteilt ist und ein Fortschritt zugunsten der Frauen nur mühsam und nur mit gutem Willen feststellbar ist". Worum es geht, ist die Doppel- oder Mehrfachbelastung der Frauen durch Beruf, Haushalt, Kinder und Pflege. Ganz gleich in welches Land man schaut, ob nach Frankreich, Schweden, Finnland oder in die osteuropäischen, ehemalig sozialistischen Länder, überall wird den Frauen die Verantwortung für den Haushalt, die Kinder und die Pflege Angehöriger auferlegt. Und in allen Ländern ist der zeitliche Aufwand der Frauen für diese Tätigkeit erheblich höher als der der Männer.

Noch nirgends wurde der Anspruch der Feministinnen erfüllt, daß die Nichterwerbsarbeit gleichmäßig auf beide Geschlechter aufgeteilt wird. Dies ist noch nicht einmal heute in Ostdeutschland der Fall; hier ist die Doppelbelastung der Frauen sogar deutlich ausgeprägter als in Westdeutschland, obwohl flächendeckend Ganztagsbetreuungseinrichtungen für Kinder vorhanden sind. Ostdeutsche Frauen verbringen mit 6,16 Stunden pro Tag wesentlich mehr Zeit mit Erwerbsarbeit und Bildung als westdeutsche Frauen mit 3,54 Stunden. Obwohl ihnen deutlich weniger Zeit für die Hausarbeit zur Verfügung steht als westdeutschen Frauen, die dafür täglich 5,45 Stunden aufbringen, leisten sie immerhin 4,06 Stunden unbezahlte Arbeit im Haushalt. Damit sind sie Tag für Tag 43 Minuten länger durch Arbeit in Anspruch genommen als westdeutsche Frauen. Das bedeutet, daß sie jeden Tag fast eine dreiviertel Stunde weniger Erholungs- und Freizeit haben.

Zwar läßt sich, wie das Familienministerium in seiner Broschüre berichtet, in beiden Teilen Deutschlands eine „Tendenz hin zu einer stärker gleichberechtigten Teilung der unbezahlten Arbeit feststellen". Allerdings, so wird weiter berichtet, „verwenden die Männer heute nicht wesentlich mehr Zeit als Anfang der neunziger Jahre für unbezahlte Arbeiten, sondern die Frauen haben ihren Zeitaufwand für die Arbeiten in Haushalt und Familie seit 1991/1992 um knapp zehn Prozent reduziert". Die zunehmend gleichberechtigte Teilung der unbezahlten Arbeit ist also nicht dadurch erfolgt, daß sich die Männer mehr an dieser Arbeit beteiligen, sondern dadurch, daß die unbezahlte Arbeit insgesamt vermindert wurde.

Wie sieht es aber nun mit der Arbeitsbelastung von Frauen und Männern aus, die noch Kinder haben? Dazu noch einmal ein Zitat aus der Veröffentlichung „Wo bleibt die Zeit?" des Bundesfamilienministeriums: „Erwerbstätige Frauen mit Kindern unter sechs Jahren wenden für die Betreuung ihres Nachwuchses mit zweieinviertel Stunden doppelt soviel Zeit auf wie erwerbstätige Männer, nicht erwerbstätige Frauen mit dreieinviertel Stunden sogar etwa das Dreifache." Und im Vergleich ganztags erwerbstätiger Mütter zu solchen, die nicht voll berufstätig sind, wird vermerkt: „In Paarhaushalten mit Kindern im Vorschulalter arbeiten Frauen mit Doppelbelastung von Montag bis Freitag täglich gut dreieinhalb Stunden weniger für Haushalt und Familie. Dabei wird nicht nur die Hausarbeit auf das Notwendige reduziert, auch die Kinder haben von ihren erwerbstätigen Müttern rund anderthalb Stunden weniger am Tag. Zusammen mit der Erwerbsarbeit ergeben sich dennoch knapp elfeinhalb Stunden Arbeit – zweieinhalb Stunden mehr als bei nicht erwerbstätigen Frauen." Auch am Wochenende leisten die vollzeiterwerbstätigen Mütter immer noch ein Arbeitspensum von siebeneinhalb Stunden am Samstag und sechs Stunden am Sonntag.

Wenn Frauen ganztags arbeiten und gleichzeitig kleine Kinder haben, müssen sie mit einer erheblichen Belastung durch die berufliche Arbeit einerseits und die unbezahlte Arbeit andererseits rechnen. Auch wenn sie bereit sind, auf Erholung und Freizeit zu verzichten, haben sie weniger Zeit für ihre Kinder als andere Mütter. Daß Frauen in einem Vollzeitberuf ihr eigenes Geld aus Gründen der Existenzsicherung verdienen müssen oder aus Gründen der Unabhängigkeit verdienen wollen und darüber hinaus als Mutter ganz überwiegend die unbezahlte Haus- und Erziehungsarbeit leisten und erstens zuwenig Zeit für ihre Kinder haben und zweitens kaum noch über Freizeit und Erholungszeit verfügen: für diesen Lebensentwurf kann man sich doch nicht allen Ernstes einsetzen. Vor allem für alleinerziehende Frauen ist das eine Zumutung. Wir können doch nicht dafür kämpfen, daß in Zukunft alle Frauen vollzeiterwerbstätig sind und dann auch noch zwei oder drei Kinder großziehen, wie es uns auch von der jetzigen Familienministerin, Ursula von der Leyen, suggeriert wird. Da sich die Männer nachweislich wenig um Haushalt und Familie kümmern, würde das doch bedeuten, daß die Frauen von morgens bis abends arbeiten – sieben Tage in der Woche. Das wäre doch, im Verhältnis zu der Situation, die wir vor der Frauenbewegung hatten, eine glatte Verschlechterung für die Frauen.

Die Strategie des Feminismus ist eben nur teilweise aufgegangen. Hinsichtlich der Gleichstellung der Frau in Bildung und Beruf sind durchaus Erfolge errungen worden, an denen die Emanzipationsbewegung ihren Anteil hat. Was aber die gerechte Aufteilung der unbezahlten Arbeit angeht, besteht noch ein großer Handlungsbedarf. Die Frauen haben sich verändert, die Männer aber nicht oder jedenfalls nicht genug. Das hat seine Gründe. Und diese liegen in den wirtschaftlichen und sozialen Verhältnissen, die anders sind, als die Frauenbewegung sich das in den siebziger und achtziger Jahren vorgestellt hatte. Damals peilten nämlich vor allem die Frauen in den Gewerkschaften, in der SPD und bei den Grünen das Ziel eines Sechs-Stunden-Tages für alle an. Der hätte es Männern und Frauen ermöglicht, sich nach einem nicht zu stressigen Erwerbsarbeitstag gemeinsam um den Haushalt und die Kinder zu kümmern. Eine durchaus attraktive Vision, die eine hohe Lebensqualität für alle Beteiligten versprach. Und auch eine, die den Präferenzen vieler Männer und Frauen in unserem Land entgegenkäme – und denen der Kinder wahrscheinlich noch mehr. Denn gefragt nach der Bewertung ihres Zeitaufwands für unterschiedliche Tätigkeiten plädieren vor allem Männer für eine Verminderung der Berufsarbeit und wünschen sich mehr Zeit für Hausarbeit. Das gilt übrigens für Männer mit Kindern und Männer ohne Kinder. Bei Frauen sind die Präferenzen nicht so einheitlich verteilt. Frauen ohne Kinder wünschen sich eine geringere Erwerbsarbeitszeit. 24 Prozent der Frauen mit Kindern würden ihre Berufsarbeitszeit gern verringern und 24 Prozent lieber erhöhen. Wahrscheinlich handelt es sich bei der ersten Gruppe um ganztags berufstätige Frauen, die unter der Doppelbelastung von Beruf und Familie leiden, und bei der zweiten Gruppe um „Nur-Hausfrauen" oder Frauen mit einer sehr begrenzten Teilzeitarbeit. Fast spiegelbildlich zu den Jobwünschen der Frauen verhalten sich auch ihre Präferenzen bezüglich der Hausarbeit: 20 Prozent der Frauen finden, daß sie zu wenig Zeit für die Hausarbeit haben, und 29 Prozent sind der Meinung, daß sie damit zu viel Stunden zubringen. Wie wir sehen, kommen die momentan existierenden Wünsche hinsichtlich der Arbeitszeiten für Berufsarbeit und Hausarbeit den Forderungen der Frauenbewegung durchaus entgegen.

Und: Die Männer sind gar nicht so schlecht, wie immer gesagt wird. Sie würden sich gern an der Haus- und Erziehungsarbeit beteiligen. Aber die Realität sieht anders aus, und zwar so, daß sich insbesondere karriereorientierte Männer im Angestelltenbereich schon seit Jahren gezwungen sehen, unentgeltlich Überstunden zu leisten, daß in der Industrie peu à peu die Arbeitszeiten verlängert werden und die Beamten im öffentlichen Dienst in zahlreichen Bundesländern inzwischen wieder 40 Stunden arbeiten müssen.

Seit Jahren wird uns von der deutschen Regierung und den deutschen Unternehmensverbänden eingeredet, die Globalisierung erzwinge den Abbau sozialer Errungenschaften, wozu auch die kürzeren Arbeitszeiten gehörten. Unter dem Druck drohender Arbeitslosigkeit geben viele Beschäftigte und mit ihnen die Gewerkschaften den Forderungen der Wirtschaft nach. Von Arbeitszeitverkürzung wagt niemand mehr zu sprechen. Ob sich die Diskussion noch einmal wendet – und wenn, wann – ist noch nicht absehbar.

13 Die Heiligsprechung der Erwerbsarbeit

Es ist erstaunlich, daß auch die Frauenbewegung das Thema Arbeitszeitverkürzung scheinbar abgeschrieben hat. Jedenfalls erinnere ich mich nicht, sie in den letzten Jahren für dieses Ziel kämpfen gesehen zu haben. Es sieht so aus, als würde man die Bedingungen des Erwerbslebens, so wie sie sind, akzeptieren. Vielleicht liegt das daran, daß die Protagonistinnen der Frauenbewegung oft keine Kinder haben, ihnen selbst daher die Karrierechancen im Beruf wichtiger sind als die Anpassung des Erwerbslebens an die familiären Bedürfnisse der Frauen und Männer. Zumindest spielt in der aktuellen Diskussion um die Vereinbarkeit von Beruf und Familie die Frage, wie das Erwerbsleben von Müttern und Vätern verändert werden muß, damit mehr Kinder geboren werden und der Alltag von Familien streßfreier und angenehmer wird, eine verblüffend geringe Rolle.

Statt dessen muß die Familie, so will es die Frauenbewegung und mit ihr die deutsche Familienministerin, den Erfordernissen der Wirtschaft angepaßt werden. Das ist allerdings bereits geschehen. Die deutschen Frauen haben das Problem ganz einfach gelöst: Sie sind in den Gebärstreik getreten. Wo es keine Kinder gibt, muß auch nichts vereinbart werden. Wo im Zuge der „Heiligsprechung" der Erwerbsarbeit die Rolle als Hausfrau und Mutter abqualifiziert wurde, entscheiden sich konsequenterweise immer weniger Frauen dafür, diese Rolle zu übernehmen. Wir sind ja schließlich nicht dumm.

Früher wurde es ja vielleicht noch anerkannt, wenn Eltern eine gutgeratene Kinderschar präsentieren konnten (in wohlhabenden Kreisen, in denen die Fortführung der Familiendynastie gesichert werden muß, ist das immer noch von bzw. gewinnt wieder an Bedeutung), und die Verdienste dafür konnte sich in erster Linie die für die Fürsorge und Erziehung hauptsächlich zuständige Mutter anheften. Aber heute ist eine Frau ohne Erwerbsarbeit doch nichts.

Das hat auch damit zu tun, daß sich die in unserer Gesellschaft dominierenden Werte verändert haben. Die früher insbesondere an Frauen geschätzten Eigenschaften von Fürsorglichkeit, Aufopferung und Selbstlosigkeit sind Werte, die in unseren modernen Zeiten allenfalls ein mitleidiges Lächeln hervorrufen. Angesagt sind eher Individualismus und Selbstverwirklichung, die so manches Mal in Bequemlichkeit und Hedonismus umschlagen. Da paßt das Bild einer Hausfrau oder auch eines Hausmannes natürlich nicht hinein.

Die Hausfrau wird oft entweder als „nichtarbeitend" diffamiert und diskriminiert oder, wenn sie sich unübersehbar oder unwiderlegbar unter qualifiziertem und zeitintensivem Arbeitskräfteeinsatz für die Familie und die Gemeinschaft einsetzt, mehr oder weniger bemitleidet. Indem die Frauenbewegung als ihr erstes Ziel die Gleichstellung der Frau in Ausbildung und Beruf definiert hat, trug sie massiv dazu bei, daß ein großer Teil der von Frauen geleisteten Arbeit, nämlich die der Hausfrau und Mutter, entwertet wurde.

Aus dem Gebärstreik der Frauen, dem angeblich die mangelnde Vereinbarkeit von Familie und Beruf zugrunde liegt, die wiederum von der unzureichenden Mitarbeit der Männer im Haushalt und bei der Kindererziehung verursacht wird, zieht die Politik und mit ihr die öffentliche Meinung die Schlußfolgerung, die Betreuung der Kinder müsse verstaatlicht werden.

Ganztagseinrichtungen für Kinder sollen es ermöglichen, daß nicht nur ihre Väter, sondern auch ihre Mütter Vollzeit arbeiten können (oder müssen?). Die Familien könnten sich dann mit zwei Gehältern auch mehrere Kinder leisten, was heute mit einem Gehalt des Mannes und eventuell einem Mini-Job- oder Teilzeitgehalt der Mutter oft nicht möglich ist. Um das erste Lebensjahr des Kindes, wo es die Mutter sehr braucht, zu überbrücken, soll ein einkommensabhängiges Elterngeld (67 Prozent des letzten Netteinkommens der Mutter) gewährt werden. Zusätzliche zwei Monate soll der Vater Erziehungsurlaub nehmen. Ziel dieser Strategie ist, daß weniger Frauen in Deutschland kinderlos bleiben, vor allem Akademikerinnen, und mehr zweite und dritte Kinder geboren werden.

Indem der Staat die Frauen von einem Teil der Kinderbetreuungsarbeit entlastet, will er sie dazu animieren, mehr Kinder in die Welt zu setzen, ohne ihnen die Mehrfachbelastung von Beruf, Haushalt und Nachkommenschaft in vollem Umfang zuzumuten. Durch das nur zwölfmonatige Ausscheiden der Mutter nach der Geburt eines Kindes wäre es für Frauen außerdem möglich, ähnliche Karrierewege einzuschlagen wie die Männer. Bei diesem Konzept werden die Väter quasi durch den Staat ersetzt, der einen Teil der Familienarbeit, nämlich die Betreuung der Kinder, für sie übernimmt.

Das hat vor allem Vorteile für die Wirtschaft. Denn ein Mann, an den nicht der Anspruch gestellt wird, daß er über seine finanzielle Verantwortung hinaus seine Rolle als Vater übernimmt (was ihn Zeit und Kraft kosten könnte), ist ja im Betrieb ohne größere Beschränkungen einsetzbar. Und an Frauen, deren Kinder weitgehend staatlicherseits versorgt sind, kann man beruflich auch höhere Ansprüche stellen als an Frauen, die sich selbst um ihre Kinder kümmern. Und an Arbeitnehmer und Arbeitnehmerinnen, die mit zwei Gehältern zum Familieneinkommen beitragen, müssen die Arbeitgeber auch nicht so hohe Löhne zahlen wie an einen Familienvater oder eine Familienmutter, der/die allein die Familien ernähren muß.

Hier treffen sich also die Interessen der Feministinnen, welche die Gleichstellung der Frauen im Berufsleben in den Mittelpunkt ihrer politischen Forderungen stellen, mit denen der Wirtschaft. Und damit hätten sie normalerweise gute Aussichten, erfolgreich zu sein. Und auch manche Männer würden sicher gut damit leben, daß die Frauen ihren Unterhalt selbst verdienen und sich abends noch um die Kinder kümmern, könnten sie sich damit doch gänzlich jeder Verantwortung für die Familie entbinden.

Aber es spricht einiges dafür, daß diese Strategie nicht aufgeht. Aus einem ganz einfachen Grund: Die Mehrheit der Frauen und auch die meisten Männer sind mit der heutigen Form der Vereinbarkeit von Beruf und Familie zufrieden. Das gilt auch für die berufstätigen Mütter, die meist Teilzeit arbeiten. Das Familienmodell „Mann arbeitet voll, Frau vorübergehend Teilzeit, die Kinder werden nachmittags von der Mutter versorgt" bedeutet für die Frauen noch mehr als für die Männer, daß sich Beruf und Familie gut miteinander verbinden lassen. Wenn sich trotzdem viele Eltern ihren Wunsch nach einem zweiten Kind versagen, liegt das daran, daß sie es sich nicht leisten können. Und den finanziell bessergestellten Akademikern und Akademikerinnen fehlt, wie bereits gesagt, der passende Partner zum passenden Zeitpunkt.

Das Konzept „alle Frauen ein Jahr nach der Geburt zurück in die Vollzeiterwerbsarbeit und die Kinder in die Ganztagsbetreuung" wird uns nicht mehr Kinder bescheren. Schließlich können die Frauen ja denken. Und sie werden sich nicht den Schuh anziehen, praktisch lebenslang ganztags erwerbstätig zu sein und sich nebenbei noch um zwei bis drei Kinder zu kümmern. Das liefe auf eine unglaubliche Ausbeutung der Arbeitskraft der Frauen hinaus. Ich bin sicher: Die Bevölkerungsfrage wird auf diese Weise nicht gelöst.

Das Konzept hat aber noch einen anderen Haken. Es ist ein Angriff auf die Freiheit der Frauen. Die Gleichstellungserfolge der vergangenen Jahrzehnte erlösten die Frauen aus der finanziellen Abhängigkeit der Männer und eröffneten ihnen Möglichkeiten, ihre beruflichen und familiären Wünsche auf unterschiedliche Art und Weise unter einen Hut zu bringen. Die Freiheit, sich selbst zu entscheiden, ob und wann und wieviel man beruflich arbeiten will und wieviel Zeit man seiner Familie widmen möchte, stellte für die Frauen einen großen Vorteil dar. Denn anders als die Männer, die sozusagen auf Gedeih und Verderb von ihrem beruflichen Erfolg abhängen, konnten Frauen ihr Selbstbewußtsein und ihr Selbstwertgefühl sowohl vom beruflichen Erfolg ableiten wie auch von ihrer Rolle als Hausfrau und Mutter.

Wenn die Rechnung der Frauenbewegung aufgegangen wäre, daß Männer und Frauen täglich nur sechs Stunden berufstätig sind, wäre damit ein Gewinn an Lebensqualität verbunden gewesen. Gegenüber dieser Vision, aber auch gegenüber der heutigen Realität ist das Konzept „Vollerwerbstätigkeit der Frauen und Ganztagsbetreuung für die Kinder" ein Rückschritt. Es bedeutet: Die Frauen müßten erstmals – möglichst ohne größere Unterbrechungen – lebenslang erwerbstätig sein und dabei noch Kinder großziehen, die getrennt von Vater und Mutter den Tag in Betreuungseinrichtungen verbringen. Für stark erwerbsorientierte Männer und Frauen und auch für „pflegeleichte" Kinder, die es vorziehen, eher mit Gleichaltrigen oder auch Erziehern zusammen zu sein als mit ihren Eltern, mag das gar keine Schreckensvorstellung sein, vielleicht sogar ein bevorzugtes Modell. Aber für die Mehrheit der Frauen und Männer, die sich weniger Berufsarbeitszeit und mehr Zeit für sich und ihre Familie wünschen, geht das Konzept in die falsche Richtung.

Der Nachteil dieses Modells ist seine Einseitigkeit, ist die Verpflichtung auf ein bestimmtes Familienmodell. Fortschritt für die Frauen würde beinhalten, daß zusätzliche Freiheitsspielräume eröffnet, nicht aber, daß alte Zwänge durch neue ersetzt werden. Wenn die finanzielle Abhängigkeit vom Mann abgelöst wird durch die finanzielle Abhängigkeit vom Beruf, und wenn die Einschränkung der persönlichen Freiheit durch die familiären Pflichten ersetzt wird durch die Fremdbestimmung im Erwerbsleben – haben die Frauen dann soviel gewonnen?

Manche Frau wird vielleicht sagen: Ja! Insbesondere dann, wenn sie einen hervorragend bezahlten, attraktiven Job mit guten Arbeitsbedingungen hat, wie zum Beispiel Politikerin, Moderatorin oder Journalistin. Insbesondere dann, wenn sie Single ist und keine Probleme damit hat, es auf Dauer zu bleiben. Insbesondere dann, wenn ihr Partner dazu neigt, von ihm abhängige Personen zu unterdrücken, so daß ihre Gleichstellung in der Beziehung gefährdet wäre, wenn sie von seinem Geld leben würde. Und insbesondere dann, wenn sie den beruflichen Erfolg für ihr Selbstwertgefühl braucht. Und natürlich dann, wenn sie alleinerziehend ist, voll im Beruf arbeiten muß und es für sie eine wesentliche Erleichterung ist, ihr Kind oder ihre Kinder in einer Ganztagsbetreuungseinrichtung gut untergebracht zu wissen.

Aber was ist mit den Frauen, die arbeiten müssen, weil das Gehalt ihres Mannes nicht für die Familie reicht oder weil sie alleinerziehend sind? Was ist mit den Frauen, die einen miesen Job haben und sich bei ihrer Erwerbstätigkeit keineswegs selbst verwirklichen? Was ist mit den Frauen, die sich gern ausschließlich oder doch zumindest hauptsächlich ihrer Familie widmen wollen? Und was ist mit den Frauen, die vorzugsweise die berufliche Arbeit verbinden wollen mit der Erfüllung ihrer familiären Pflichten, indem sie beide Arbeiten in Teilzeit ausüben, um auf diese

Weise noch genügend Zeit für die persönliche Erholung oder die Ausübung von Hobbys zu finden? Sollen sie jetzt in ein Konzept hineinverpflichtet werden, das überhaupt nicht ihren Wünschen und Bedürfnissen entspricht?

Wenn jetzt das Gegenargument kommt, daß ja niemand diesen Frauen verbietet, nur Hausfrau und Mutter zu sein, wird die Situation verkannt. Denn unter diesen Bedingungen „Nur-Hausfrau" zu sein, ist nur in Familien möglich, die über ein ausreichendes Einkommen verfügen. Aber selbst in „privilegierten Kreisen" gehen die Frauen heutzutage ein Risiko ein: Sollte es nämlich in ihrer Ehe zu einer Trennung kommen, werden sie bei der heutigen Rechtsprechung oft finanziell benachteiligt. Und das Unterhaltsrecht für die geschiedene Ehefrau ist ja gerade wieder verschlechtert worden. Deshalb überlegen es sich gerade Frauen mit einer hervorragenden Ausbildung und einem gutdotierten Job, ob sie ihre Berufstätigkeit für die Familie aufgeben, obwohl sie dazu vielleicht gern bereit wären.

Aber zurück zu den Frauen, in deren Familie die ökonomischen Spielräume enger sind. Unter den gegebenen Verhältnissen realisieren viele Familien ihren Wunsch nach einem zweiten Kind nicht, weil sie meinen, es sich nicht leisten zu können (Allensbach 2004). In dem Konzept „Vollzeiterwerbstätigkeit der Mütter und Ganztagsbetreuung der Kinder" soll ihnen geholfen werden, indem die Mutter durch ihre fast durchgehende Erwerbstätigkeit dazu beiträgt, das Familieneinkommen dauerhaft zu erhöhen, so daß mehrere Kinder finanziert werden können. Die Kosten für die Ganztagsbetreuung der Kinder übernimmt größtenteils der Staat. In diesem Modell wird die Betreuung der Kinder also nur dann finanziert, wenn sie professionalisiert und öffentlich organisiert ist. Entscheidet sich aber die Familie dafür, die Kinder selbst zu betreuen, erhält sie dafür keine Leistungen des Staates, abgesehen von einem geringfügigen Kindergeld. Das bedeutet aber, daß eine einkommensschwächere Familie, die sich selbst um ihren Nachwuchs kümmern möchte, sich entweder kein Kind oder nur eines leisten kann. Damit zwingen Politik und Gesellschaft diese Familien und insbesondere die betroffenen Frauen zu einem unter Umständen schmerzhaften Verzicht.

Die Befreiung eines Teils der Frauen durch ihre zunehmende Gleichstellung im Beruf wurde und wird erkauft durch die Diskriminierung eines anderen Teils der Frauen: der Hausfrau, Mutter und Pflegekraft. Wenn nur die Frauen etwas wert sind, die berufstätig und dort möglichst erfolgreich sind, und wenn die Frauen nur dann dauerhaft und zuverlässig finanziell abgesichert sind, wenn sie über ein eigenes Erwerbseinkommen verfügen, wird automatisch die Haus-, Erziehungs- und Pflegearbeit abgewertet. Der daraus resultierende und schon erwähnte Gebärstreik ist zwangsläufig. Seine Auswirkungen sollten dazu führen, daß die umfassende Arbeit einer guten Hausfrau, die sich um die Finanzen der Familie kümmert, Hauswirtschafterin sein muß, Pädagogin, Köchin, Pflegerin, Psychologin, die als familiäres Kommunikationszentrum fungiert, wiederentdeckt wird. Leider sind auf diesem Wege bereits viele Kompetenzen der Hausfrauen verlorengegangen. Die jüngeren Frauen, aber auch die jüngeren Männer haben sich ja in den vergangenen Jahrzehnten zunehmend darauf konzentriert, Qualifikationen für ihren Beruf zu erwerben. Auch unser Bildungs- und Ausbildungssystem ist schwerpunktmäßig auf das Erwerbsleben ausgerichtet. Praktische Qualifikationen, die man im täglichen Leben benötigt, wurden zunehmend aus den Lehrplänen gestrichen, so daß sie den jungen Leuten heute fehlen. Ein Prozeß, der aber umkehrbar ist.

Die Neubewertung der Hausfrauentätigkeit ist aus einem Grund notwendig und aus einem zweiten Grund wünschenswert. Notwendig, weil die Auslagerung der Hausfrauenarbeit und ihre entsprechende Bezahlung nicht finanzierbar ist. Wünschenswert, weil der Verlust an Weiblichkeit, der mit einer vollständigen Gleichstellung der Frauen im Beruf verbunden ist, einer gesellschaftlichen Verarmung gleichkäme. Es war eine Hoffnung der Frauenbewegung, daß die Frauen durch die Übernahme wichtiger Funktionen in Politik und Wirtschaft auch die Inhalte und Strukturen dieser Bereiche verändern. Aber ist die Politik von Angela Merkel wirklich anders als die von Helmut Kohl? Und hat sie nicht die gleichen Methoden angewandt, um die Nummer eins in der CDU/CSU zu werden, die üblicherweise Männer benützen? Und dafür, daß sie sich verhalten hat wie ein Mann, ist sie ja interessanterweise von vielen frauenbewegten Frauen auch noch gelobt worden! Es scheint also gar nicht mehr der Ehrgeiz der Frauen zu sein, Politik und Wirtschaft zu verändern, indem man dort selbst als Frau verantwortungsvolle Positionen übernimmt. Vielmehr begnügen sich die Frauen inzwischen offensichtlich damit, die gleichen Jobs zu haben wie die Männer und sie auch genauso auszufüllen. Mit der Wirkung, eventuell auch ein Stück zu vermännlichen. Eine Frau, die Anweisungen gibt und Kontrolle ausübt, wirkt nicht immer charmant. Eine pflegeleichte Kurzhaarfrisur ist auch selten überwältigend weiblich. Und die im schwarzen, dunkelblauen oder beigefarbenen Hosenanzug steckenden Analystinnen im Frankfurter Bankenviertel sehen oft genauso graumäusig aus wie ihre männlichen Kollegen.

Dies mag ein Grund dafür sein, daß, anders als es die Gleichstellungsbewegten immer wieder fordern, die Frauen bisher einfach nicht bereit sind, die erfolgversprechenden Berufe der Männer zu wählen und sich genauso karriereorientiert zu verhalten wie sie.

Könnte es sein, daß Frauen anders sind als Männer? Könnte es sein, daß sie einen anderen Wertekatalog haben? Könnte es sein, daß sie berufliche Inhalte und konkrete Arbeitsbedingungen wichtiger finden als ein hohes Gehalt und einen Titel? Wäre es möglich, daß viele Frauen Erfüllung in ihrem Privatleben höher schätzen als die höchsten Auszeichnungen?

In diesem Zusammenhang sind die Ergebnisse eines wissenschaftlichen Versuchs in den USA von Belang. Dort setzte man eine große Anzahl von Männern in einen Saal mit Bühne. Ihnen wurde eine Brille aufgesetzt, welche das Interesse bzw. die Erregung anhand der Veränderung der Pupillen mißt. Zuerst wurden kleine Babys auf die Bühne geführt: Bei den Männern tat sich nichts. Anschließend trat eine Reihe wenig bekleideter, hübscher Frauen auf: totales Interesse der Männer. Der Versuch, das Interesse von Frauen zu ermitteln, führte zu komplett anderen Ergebnissen: Gut aussehende junge Männer bewegten sie kaum, auf die kleinen süßen Babys reagierten sie mit großer Begeisterung.

Natürlich wäre es zu einfach und damit auch unzutreffend zu sagen: Männer lieben Frauen, und Frauen lieben Babys. Aber es ist vielleicht auch nicht ganz abwegig, festzustellen, daß Frauen offenbar biologisch bedingt eine starke Affinität zu Kindern haben und daß diese deswegen für das erfüllte und glückliche Leben der meisten Frauen unverzichtbar sind. Und als erwachsene Menschen wissen die Frauen, daß alles seinen Preis hat und auch Kinder nicht zum Nulltarif zu haben sind. Und deshalb sind Frauen oft dazu bereit, auf eine maximale berufliche Karriere zu verzichten, um Kinder zu bekommen und sich auch selbst um sie zu kümmern. Das sollte man und auch frau respektieren.

Männer und Frauen sind nicht gleich. Deswegen war es ein Fehler der Frauenbewegung, die Befreiung der Frau vor allem durch die Gleichstellung im Erwerbsleben herstellen zu wollen. Natürlich müssen Frauen im Beruf die gleichen Chancen haben wie Männer und natürlich müssen sie gleichbehandelt und dürfen nicht benachteiligt werden. Dafür muß man sich auch weiterhin einsetzen. Aber wenn Frauen nicht die Berufe wählen, die Männer sich aussuchen, obwohl sie damit Karrierechancen vergeben, und wenn sie nicht bereit sind, den Einsatz und das Sozialverhalten zu zeigen, das sie beruflich an die Spitze bringt, sollte das akzeptiert werden.

Aber wir brauchen eine Ergänzung der Emanzipationsziele: Es müssen nicht die Frauen in der Erwerbsarbeit in jeder Hinsicht gleichgestellt sein – das sind sie ohnehin nirgendwo, auch nicht in Frankreich, Schweden, den USA oder Finnland –, sondern die Arbeit der Frauen in den Privathaushalten muß der beruflichen Tätigkeit gleichgestellt sein. Das beinhaltet auch, daß Männer diese familiäre Arbeit verrichten und daß man zwischen der Erwerbs- und der Hausarbeit abwechselt. Die Emanzipation der Frau ist erst dann erreicht, wenn ihre Leistungen als Hausfrauen genauso anerkannt werden wie die ihrer erwerbstätigen Mitstreiterinnen. Und zu diesen Leistungen zählt es, Kinder in die Welt zu setzen und aufzuziehen, Kranke, Alte und Behinderte zu pflegen sowie den familiären Zusammenhalt zu sichern. All diese Arbeiten sind von großer gesellschaftlicher Bedeutung. Deshalb brauchen wir den Beruf „Hausfrau", der natürlich auch gern von einem Mann ergriffen werden darf.

14 DIE PRODUKTIVITÄT DER HAUSFRAU

Wenn ich im Folgenden über die Hausfrau spreche, dann verstehe ich darunter die Tätigkeit im Haushalt, gleichgültig ob sie von einem Mann oder einer Frau ausgeübt wird. Auf den gewissermaßen in Verruf stehenden, altmodischen Begriff „Hausfrau" greife ich zurück, weil modernere Versionen wie etwa „Familienmanagerin" meines Erachtens eine Einschränkung der traditionellen Hausfrauenrolle beinhalten. Denn die Aufgabe einer Hausfrau besteht nicht nur darin, möglichst effizient notwendige Produkte und Dienstleistungen herzustellen oder zu erbringen, Termine zu organisieren oder Arbeiten zu delegieren. Vielmehr bildet die Hausfrau den Mittelpunkt eines von ihr maßgeblich geschaffenen Heimes, das der Familie eine Atmosphäre der Geborgenheit, Wärme und Liebe bietet und Freunden und Bekannten gegenüber offen und gastfreundlich ist. In dieser Rolle ist die Hausfrau auch maßgebliche Trägerin von Lebenskultur: Indem sie Mühe und Zeit verwendet, ein kultiviertes und gemütliches Heim zu schaffen und ihre Kinder zu erziehen, leistet sie auch einen erheblichen Beitrag zur Aufrechterhaltung unserer Zivilisation.

Versagt sie oder wird sie an der gewissenhaften Ausübung ihrer Tätigkeit gehindert, steht nicht weniger als unsere Kultur des täglichen Lebens in Frage.

Träger der Hausfrauenarbeit sind heute fast ausschließlich Frauen. Sie sind „Nur-Hausfrauen", halbtags arbeitende Teilzeit-Hausfrauen oder durch einen Vollzeitjob, ihre Heim- und Mutterpflichten doppelt oder dreifach belastete Feierabend- und Wochenendhausfrauen. In den letzten Jahrzehnten sind die Frauen zwar immer mehr in die Männerdomäne Erwerbswirtschaft vorgedrungen, umgekehrt ist es jedoch nicht gelungen, die Männer in entsprechendem Maße zur Übernahme der Frauenarbeit zu motivieren. Das gilt sowohl für die Hausfrauenarbeit wie auch für ehrenamtliche Tätigkeiten: Was die Frau nicht macht, wird meist gar nicht gemacht.

Obwohl Frauen mehr arbeiten als Männer, ist ihr Einkommen weit geringer. Finanzielles Vermögen und gesellschaftliche Macht liegen immer noch weitgehend in den Händen der Männer. Ein wesentlicher Grund dafür liegt in der Tatsache, daß die Tätigkeit der Frauen, die sie als Hausfrau und Mutter leisten, weder gesellschaftlich noch finanziell anerkannt wird. Die Arbeit der Hausfrau wird gemeinhin gar nicht als solche wahrgenommen. Fragt man eine Frau: „Arbeiten Sie eigentlich noch oder arbeiten Sie eigentlich wieder?", bezieht sich die Überlegung ausschließlich auf eine erwerbswirtschaftliche oder bezahlte Tätigkeit. Ich antworte in diesen Fällen immer: „Ja, von morgens um sieben bis abends um neun." Daß man als Hausfrau unter Umständen regelmäßig 13 oder 14 Stunden arbeitet und darüber hinaus 24 Stunden in Bereitschaft ist, kommt den wenigsten in den Sinn.

Das liegt daran, daß in unserer Gesellschaft ein falsches Verständnis von Arbeit existiert: Demnach ist nur das Arbeit, was bezahlt wird und in einen formellen Produktionsprozeß am Markt oder beim Staat eingebunden ist. Solange eine bestimmte Tätigkeit Geld bringt, wird sie anerkannt, ob sie nützlich ist oder nicht. Eine Frau, die als Angestellte in der Zigarettenindustrie, deren gesellschaftlicher Schaden unumstritten ist, Karriere macht, genießt deshalb ein höheres Ansehen als eine Hausfrau, die drei gutgeratene Kinder großgezogen hat, und ein Manager in der sicherheitsgefährdenden Atomindustrie verdient mehr Geld und hat ein höheres soziales Prestige als der Hausmann Christian Nürnberger (wer ist denn das?), der Ehemann der Nachrichtensprecherin Petra Gerster, der zwei Kinder großzieht und seiner beruflich erfolgreichen Frau den Rücken freihält (und nebenbei auch noch Bücher schreibt).

Die Arbeit der Hausfrauen wird auch volkswirtschaftlich nicht wahrgenommen. In den Berechnungen des Bruttosozialprodukts, das heißt der Wertschöpfung unseres Landes, ist sie nicht enthalten. Und das, obwohl die Produktion im Haushalt nach Berechnungen des Statistischen Bundesamts mindestens 40 Prozent unseres Bruttoinlandsprodukts erreicht, was heute rund 880

Milliarden Euro entspricht. Dabei hat das Statistische Bundesamt durch seine vorsichtige Bewertung der unbezahlten Arbeit lediglich eine Untergrenze errechnet: Zugrunde gelegt wurde nämlich ein Nettostundenlohn von Hauswirtschafterinnen in Höhe von gut 7 Euro je Stunde. Würden die privaten Haushalte für ihre unbezahlte Arbeit tatsächlich Hauswirtschafterinnen einstellen (die wir für diesen Stundenlohn allerdings gar nicht finden), so fielen mit Sozialversicherungsbeiträgen, Steuern und bezahlten Urlaubs- und Krankheitstagen mehr als doppelt so hohe Lohnkosten an. Das heißt, würden wir die gesamte Hausfrauenarbeit marktmäßig oder öffentlich/staatlich organisieren, würde unser Sozialprodukt mindestens um 80 Prozent steigen. Wären es weiterhin die Frauen, die diese Arbeit hauptsächlich verrichten, stiege ihr Einkommen entsprechend.

Das Statistische Bundesamt hat übrigens noch eine interessante Feststellung gemacht: Zwischen 1992 und 2001 ist der Anteil der Haushaltsproduktion am Bruttoinlandsprodukt von 43 Prozent auf 40 Prozent gefallen. Das heißt: Im Verhältnis zur bezahlten Arbeit wurde in dieser Zeit weniger unbezahlte Arbeit geleistet. Das hat sich in einer Zunahme der Freizeit niedergeschlagen, von der hauptsächlich die Männer profitieren, die mit 6,25 Stunden Freizeit täglich eine halbe Stunde länger freihaben als Frauen. Mütter allerdings haben nach einer Umfrage des Allensbach-Instituts viel weniger Freizeit: Die Hälfte von ihnen lediglich eine Stunde am Tag, 15 Prozent der Mütter gaben sogar an, überhaupt keine Freizeit zu haben. Mütter mit zwei Kindern arbeiten durchschnittlich zwölf Stunden am Tag.

Ob erwerbstätig oder nicht, 84 Prozent der Mütter bemängeln, daß Hausfrauenarbeit von der Gesellschaft nicht genügend gewürdigt wird. Außer an der fehlenden Bezahlung liegt das vor allem daran, daß die Haushaltsproduktion in der Sphäre des privaten Haushalts stattfindet und nicht öffentlich sichtbar wird, und daß die Ergebnisse der Hausfrauenarbeit selbst für die Familienmitglieder, aber noch mehr für die Öffentlichkeit wenig greifbar sind. Wie Catharina Aanderud in ihrem Buch „Schatz, wie war dein Tag auf dem Sofa?" zutreffend bemerkt, sieht man die Hausarbeit eben nur, wenn sie nicht gemacht wird.

Das allerdings ist zunehmend der Fall. Der Gebärstreik in Deutschland ist ein Anzeichen dafür, daß Frauen immer weniger bereit sind, unentgeltlich Fürsorge- und Erziehungsarbeit zu leisten. Der zunehmende Rückzug der Frauen aus der Pflege von Angehörigen kann als weiterer Indikator für die nachlassende Opferbereitschaft der Hausfrauen herangezogen werden. Wenn zutreffenderweise vom Erziehungsnotstand bzw. der Erziehungsverweigerung deutscher Mütter und Väter gesprochen wird, handelt es sich hierbei auch um eine Verweigerung von Hausfrauenarbeit. Wenn Kinder heute zu dick sind, zu viel vor dem Fernsehapparat und dem Computer sitzen, im Alter von acht Jahren weder radfahren noch schwimmen können oder auch nur ans Wasser gewöhnt sind, im Vorschulalter nicht mit Messer, Gabel und Löffel umgehen können und immer mehr Kinder mit leerem Magen in die Schule kommen, wie die Evangelische Kirche im Rheinland 2006 in einem Bericht feststellt, dann liegt elterliche Verweigerung vor. Wenn in derselben Veröffentlichung Eltern behaupten, ein preisgünstiges Mittagessen (2,70 Euro) in einer Kindertagesstätte sei für viele Kinder oft die einzige Möglichkeit, in den Genuß regelmäßiger warmer Mahlzeiten zu kommen, dann kann ich mich des Eindrucks nicht erwehren, daß wir uns bereits in einem Hausfrauenstreik befinden. Denn anders als in vielen Publikationen, in denen die Mängel in der Versorgung vieler Kinder mit der Armut in den Familien erklärt werden, meine ich, daß die Gewohnheit einer zunehmenden Zahl von Eltern, morgens im Bett liegenzubleiben statt die Kinder zu wecken und ihnen ein Frühstück zu machen sowie ihnen ein Schulfrühstück mitzugeben, ihnen weiterhin kein regelmäßiges warmes Essen zuzubereiten, sie stundenlang vor dem Fernsehapparat oder Computer sitzen zu lassen eine glatte Arbeitsverweigerung ist. Dabei handelt es sich aber nicht um einen offiziellen Streik der Hausfrauen zur Durchsetzung politischer Ziele wie etwa der Bezahlung ihrer Arbeit. Vielmehr ist es eine Art stille Flucht aus einer Tätigkeit, die, obwohl oft anstrengend und nervenaufreibend, nicht von der Gesellschaft honoriert wird. Von einer Gesellschaft, die es gleichzeitig hinnimmt und nicht sanktioniert, wenn man seinen Pflichten als Hausfrau und Mutter nicht nachkommt.

Fürsorge- und Erziehungsverweigerung durchzieht alle gesellschaftlichen Schichten. Kürzlich erzählte mir ein Bekannter, der seinen Urlaub in einem mondänen italienischen Badeort verbrachte, seine Beobachtungen am Strand: Dort verbrachten junge, gutaussehende, offenbar sehr wohlsituierte junge Mütter die Woche mit ihren kleinen Kindern am Strand, während der erwerbstätige Ehemann nur am Wochenende vorbeikam. Die Kinder waren mit der teuersten Designerkleidung und allen erdenklichen Strandspielzeugen ausgestattet, wurden aber von ihren Müttern links liegengelassen: Sie spielten nicht mit ihnen, sie nahmen sie nicht mit ins Wasser, ja sie sprachen noch nicht einmal mit ihnen. Während sich die Mütter mit ihren Freundinnen unterhielten, waren die Kinder völlig sich selbst überlassen. In diesen Fällen dienen die Kinder wahrscheinlich als ein weiteres von vielen Konsumgütern, die ihre Eltern aus Statusgründen besitzen müssen, oder sie fungieren für die Mütter als Ausrede, um nicht erwerbstätig zu sein.

Auch bei manch sozial schwächergestellten Mutter (mit oder ohne wechselnden Lebensgefährten) habe ich den Eindruck, sie hat die Kinder hauptsächlich deswegen bekommen, damit sie nicht arbeiten muß und doch finanziell abgesichert ist. Diese Mütter erhalten oft über Jahre hinweg eine staatliche Unterstützung und erbringen dabei nicht einmal die Leistung, ordentlich für ihre Kinder zu sorgen und sie gut zu erziehen. Zudem geben sie durch ihr Verhalten innerhalb der Familie und auch der Gesellschaft ihren Kindern ein denkbar schlechtes Beispiel. So ist es kein Wunder, wenn sich bestimmte Milieus immer wieder reproduzieren. Für die Allgemeinheit ist das aber eine teure Angelegenheit, und zwar in mehrfacher Hinsicht: Sie zahlt den Familien heute Sozialhilfe, morgen muß sie die Förderkurse und Schulpsychologen für die Kinder finanzieren und, wenn sie erwachsen sind, die Folgen ihrer Arbeitslosigkeit und vielleicht sogar ihrer Kriminalität.

Und wie sieht es für die verantwortungsvolle Mutter aus? Sie beginnt schon vor der Geburt ihres Kindes, sich für ihre Rolle als Mutter zu qualifizieren: Sie liest Bücher und einschlägige Zeitschriften, macht Still- und Säuglingskurse, spricht mit erfahreneren Müttern. Sie investiert oft ein enormes Potential an geistiger, seelischer und auch körperlicher Arbeit, um für ihr Kind zu sorgen, es zu fördern und es glücklich zu machen.

Der gesellschaftliche Anspruch an die Qualität der Kinder hat gerade in den letzten Jahren enorm zugenommen (Wissensgesellschaft, PISA). Die Kinder müssen nach Möglichkeit das Abitur machen, spätestens in der Grundschule mindestens eine Fremdsprache erlernen, ein Musikinstrument spielen, Ballettunterricht nehmen oder in den Tennisverein gehen. Gleichzeitig verschlechtern sich aber die äußeren Bedingungen für das Aufziehen von Kindern. In Konkurrenz mit sinnvollen Beschäftigungen, die auf Dauer glücklich machen, stehen kurzfristig lustvolle Beschäftigungen wie fernsehen, Computerspiele machen, ins Internet gehen. Außerdem fehlen oft eine kindgerechte Infrastruktur vor Ort und eine ausreichende Zahl an Spielkameraden, mit denen man draußen spielen kann. Hinzu kommt, daß das permissive Klima in unserer Gesellschaft (erlaubt ist, was gefällt), gepaart mit sehr liberalen Erziehungsvorstellungen, bei denen man die Kinder und Jugendlichen erst einmal von jeder Erziehungsmaßnahme überzeugen und alle möglichen Vereinbarungen mit ihnen aushandeln soll, den Müttern ihre Aufgaben erschwert.

Deshalb ist das Großziehen der Kinder für verantwortungsvolle Mütter heute ungleich aufwendiger und schwieriger als früher. Trotzdem bemühen sich Millionen von Frauen – und natürlich auch manche Männer – täglich, ihrem hohen Anspruch gerecht zu werden. Und sie leisten dabei einen wertvollen Beitrag für die Allgemeinheit. Ihre Arbeit ist eine Investition, ohne die unsere Gesellschaft in Zukunft nicht existieren kann. Nur, daß diese Gesellschaft das einfach nicht anerkennen will. Für eine solche Leistung erhält man kein Entgelt und auch kein Bundesverdienstkreuz. Ja, man muß sogar einen erheblichen Einkommensverzicht hinnehmen, wenn man Kinder großzieht, weil sie eine Menge Geld kosten und die Mutter meist teilweise oder ganz ihren Beruf aufgibt. Wenn nun das Kindergeld für Besserverdienende gestrichen und das Ehegattensplitting aufgehoben wird, die nichterwerbstätigen Ehefrauen nicht mehr mit den Männern krankenversichert sind und die Witwenrente weiter gekürzt wird – alles Reformen, über die man heute diskutiert –, dann ist die Ausbeutung der Hausfrau und Mutter komplett. Und für die Frauen ist klar: Ihre ureigenste Bestimmung als Frau, die den Nachwuchs zur Welt bringt und aufzieht, ist nichts wert!

Dieser Ansicht sind übrigens auch viele Frauen. Ich habe es nicht selten gehört, daß sich zum Beispiel berufstätige Single-Frauen darüber aufregen, daß sie mit ihren Steuergeldern und Sozialbeiträgen das Faulenzerleben der Hausfrauen subventionieren (in Wahrheit ist es umgekehrt: Die Familien subventionieren die Kinderlosen, siehe Kapitel 14). Da ist dann von tennisspielenden Ehefrauen die Rede, die den ganzen Tag shoppen und zur Maniküre gehen. Obwohl ich auch einige Hausfrauen aus wohlhabenden Kreisen kenne, ist mir so ein däumchendrehendes Püppchen bisher nicht untergekommen. Das Gespusi irgendeines Prominenten, das vielleicht manchem in diesem Zusammenhang in den Sinn kommt, kann man ja nicht als Hausfrau bezeichnen, bzw.: Wer als Frau nicht erwerbstätig ist, ist ja nicht automatisch Hausfrau. Hausfrau ist die Person, die Hausfrauenarbeit macht oder – ökonomisch ausgedrückt – die Produktion im privaten Haushalt übernimmt. Das heißt: Sie managt den gesamten Haushalt von der Versorgung des Ehepartners, der Kinder, eventuell vorhandener Pflegebedürftiger über die Organisation der Freizeit und des Urlaubs bis hin zur Sicherstellung notwendiger beruflicher und familiärer Kontakte. Privilegierte Hausfrauen können diese Aufgabe natürlich unter Zuhilfenahme entsprechenden Personals erfüllen, und anders ist das oft auch gar nicht möglich. Denn wenn man einen gepflegten Haushalt vorweisen muß, mehrere Kinder mit einem gewissen Anspruch (Abitur, gutes Benehmen und Auftreten) großziehen soll, repräsentative Verpflichtungen an der Seite seines Ehepartners und auch zu Hause (Einladungen von Geschäftspartnern) wahrnimmt und bei all dem auch noch gut aussehen muß, dann geht das ohne Hilfe gar nicht. Allerdings habe ich die Beobachtung gemacht, daß gerade wohlhabendere Frauen oft einen hohen Anspruch an ihre Arbeit und auch an ihre eigene Leistung haben. Insbesondere die Kindererziehung überlassen sie nicht gern anderen, sondern kümmern sich selbst darum. Und die ist ja bekanntermaßen sehr zeitintensiv. Man sollte deshalb auch den wohlhabenderen Hausfrauen Gerechtigkeit widerfahren lassen. Wenn man neidisch auf sie ist, weil sie einen hohen Lebensstandard haben: okay. Aber soweit sie ihre Aufgaben als Hausfrau und Mutter gut erfüllen, muß auch ihre Leistung gewürdigt werden.

Interessant ist, daß sogar viele Hausfrauen den Wert ihrer Arbeit nicht anerkennen und meinen, kein Recht auf eigenes Geld zu haben, weil sie ja nichts „selbst verdienen". Ich habe in meinem Bekanntenkreis oft bemerkt, daß Hausfrauen ihre materiellen Bedürfnisse vor allem zugunsten der Kinder, aber manchmal auch des Ehemannes zurückstellen. Das entspringt teilweise natürlich einfach ihren Muttergefühlen, denen Verzicht zugunsten ihrer Lieblinge nichts ausmacht, teilweise aber auch der Unterschätzung ihrer wichtigen Rolle in der Familie und Gesellschaft. Früher betrachteten viele „Nur-Hausfrauen" das Geld, das ihr Mann verdiente, als gemeinsames Geld. Dem lag die Sicht zugrunde, daß es für die Familie die Arbeit außerhalb des Hauses gab und die im Hause. Die Arbeitsteilung war traditionell so festgelegt, daß der Mann die Beschaffung des Geldes durch eine außerhäusige Tätigkeit übernahm, während die Frau die Produktion im Haushalt leistete. Da es früher noch nicht soviele Geräte wie Waschmaschinen oder Geschirrspüler gab, hatte die Hausarbeit einen erheblichen Umfang und nahm viel Zeit in Anspruch. Außerdem wurden mehr Nahrungsmittel zu Hause hergestellt (Nutzgarten, Kleintierhaltung), wodurch die Bedeutung der Hausfrauenarbeit für die Reproduktion der Familie direkt sichtbar wurde. Da also ganz offensichtlich beide Ehepartner zum Einkommen der Familie beitrugen, waren auch beide der Ansicht, daß das vom Mann verdiente Geld gemeinsames Geld war. Diese Sichtweise findet sich übrigens heute noch in unserem Bürgerlichen Gesetzbuch (§§ 1356, 1360, 1360a), wo es unter anderem heißt: „Der nicht erwerbstätige Ehegatte hat das Recht, in angemessenem Umfang über Geldmittel zum Familienunterhalt und zur Befriedigung der eigenen Bedürfnisse zu verfügen (...) Der verdienende Ehegatte muß den für den Unterhalt erforderlichen Geldbedarf aufbringen."

Auch heute hat sich nichts daran geändert, daß unser Wohlstand zum geringeren Teil durch Erwerbsarbeit in der formellen Wirtschaft erbracht wird und zum größeren Teil durch die Produktion in den privaten Haushalten. Nach wie vor wird in der formellen Wirtschaft mehr Arbeit von Männern geleistet, in den privaten Haushalten mehr von den Frauen. Dementsprechend müßten sich eigentlich auch die Frauen berechtigt fühlen, einen Anspruch auf das Einkommen des Ehemannes zu erheben. Das ist aber immer seltener der Fall. Denn die Männer haben sich den Vorteil, den ihnen die zunehmende Emanzipation der Frauen brachte, schnell zu eigen gemacht: Viele von ihnen sehen es heute gar nicht mehr ein, eine Frau zu ernähren, allenfalls noch die Kinder. Und die Frauen wiederum fühlen sich nur vom Mann unabhängig, wenn sie durch eine Erwerbstätigkeit „ihr eigenes Geld" verdienen. Daß sie im wörtlichen Sinn „Geld verdienen", und zwar durch ihre Leistung als Hausfrau und Mutter, nehmen viele von ihnen gar nicht wahr.

Interessant ist auch, daß die Hausarbeit von Männern immer noch mehr anerkannt wird als von Frauen. Bei einer Allensbach-Umfrage antworteten auf die Frage, ob eine Frau in unserer Gesellschaft berufstätig sein muß, um anerkannt zu werden, oder ob Frauen, die sich auf Familie und Haushalt konzentrieren, genauso anerkannt sind, die Frauen und Männer wie folgt:

Sind Hausfrauen so anerkannt wie Berufstätige?

Gefragt: 18- bis 44jährige

	insgesamt	Männer	Frauen	nichtberufstätige Mütter
	%	%	%	%
Muß berufstätig sein	35	26	44	34
Hausfrauen genauso anerkannt	25	33	17	22
Kommt darauf an	33	33	34	39
Unentschieden	7	8	5	5
	100	100	100	100

Bei einer großen Anzahl von Männern und Frauen „kommt es darauf an", ob die Familien- und Hausarbeit anerkannt wird oder nicht. Damit sind wir beim Thema der unterschiedlichen Quantität und Qualität der Hausarbeit. Hausfrau ist natürlich nicht gleich Hausfrau. Man kann als Hausfrau fast arbeitslos sein, wenn man zum Beispiel nur mit seinem gut verdienenden Ehemann zusammenlebt, und man kann als Hausfrau ohne jede Freizeit sein, wenn man Kleinkinder, viele Kinder oder eine schwer- oder schwerst pflegebedürftige Person versorgt. Die kinderlose, nichterwerbstätige Ehegattin an der Seite eines ausreichend verdienenden Ehemannes ist ein Relikt aus der Vergangenheit. Dieser Typus kommt nur noch vereinzelt vor. Kinderlose Ehefrauen sind heute in der Regel vollerwerbstätig und teilen sich mit ihrem Mann „das bißchen Haushalt". Es gibt zwar Vollzeithausfrauen, deren Kinder schon aus dem Hause sind und die nur noch ihren Ehemann versorgen. Doch soweit ich das festgestellt habe, werden sie in der Praxis oft zur Betreuung der Enkel eingesetzt oder sorgen sich um ihre alten Eltern oder Schwiegereltern und sind damit in der Regel weitgehend ausgelastet.

Die Mehrheit der Vollzeit- und Teilzeithausfrauen kümmert sich um ihren Ehemann sowie um ein oder mehrere Kinder. Da die meisten Frauen insbesondere dann „Nur-Hausfrau" sind, wenn sie kleine Kinder haben oder mehrere Kinder, kann man davon ausgehen, daß ihre zeitliche Arbeitsbelastung, das heißt die Quantität ihrer Arbeit, recht hoch ist. Das belegen auch Arbeitszeituntersuchungen. Mit durchschnittlich 7,29 Stunden liegt die tägliche Gesamtarbeitszeit von Vollzeithausfrauen nicht wesentlich unter der Gesamtarbeitszeit (das heißt Erwerbsarbeitszeit plus nichtbezahlte Arbeit) von zum Beispiel kinderlosen vollerwerbstätigen Frauen mit 7,54 Stunden oder kinderlosen Männern mit 7,58 Stunden. Bei der Zeitberechnung ist allerdings zu berücksichtigen, daß die permanente Bereitschaft der Hausfrau nicht als Arbeitszeit gewertet wird, wie es der Europäische Gerichtshof zum Beispiel bei der Arbeit von Ärzten in deutschen Kliniken verlangt hat. Die Bereitschaft mitberücksichtigt handelt es sich vor allem bei unserer Tätigkeit als Mutter und pflegende Angehörige um einen 24-Stunden-Job, den wir selbst dann ausüben, wenn wir krank sind. Eigentlich dürfen wir aber gar nicht krank werden und schon gar nicht aus dem Leben scheiden: Dann tritt nämlich eine mehr oder weniger große familiäre Katastrophe ein.

Um den Wert meiner eigenen Tätigkeit zu ermessen, habe ich einmal theoretisch durchgespielt, welche materiellen Konsequenzen es hätte, wenn mir einmal etwas passieren würde: Nachdem meine schwer pflegebedürftige Schwiegermutter nun nicht mehr lebt, wären meine Mutter, unser jüngerer Sohn und mein Mann zu versorgen. Da mein Mann häufig auf Reisen ist, müßte meine Mutter in meinem Todesfall ins Altersheim gehen und unser Sohn in ein Internat. Davon wären die beiden nicht begeistert, allerdings ließe sich diese Variante immerhin gerade noch finanzieren: Ein Altenheim würde zirka 2000 Euro pro Monat (Grundversorgung) kosten, ein Internat 2500 Euro (ein einigermaßen gutes Internat wie Salem mit Standardkosten von 3500 Euro monatlich wäre schon zu teuer). Hinzu kämen Restaurantbesuche meines Mannes und die Reinigungskosten für das Haus und die Wäsche, zirka 1000 Euro pro Monat.

Die zweite Möglichkeit, bei der meine Mutter und unser Sohn zu Hause bleiben könnten, bestünde darin, zwei Hauswirtschafterinnen einzustellen, die rund um die Uhr im Dienst sind und sich abwechseln. Für ihre Urlaubszeiten müßte aber noch Ersatz organisiert werden. Außerdem wäre es schwierig, Personal mit den passenden Qualifikationen zu finden, zum Beispiel Französischkenntnisse für unseren Sohn. Diese Variante wäre allerdings so teuer (etwa 6000 Euro monatlich), daß es sich für meinen Mann kaum noch lohnen würde, seinem Beruf nachzugehen. Als Politiker wäre es ihm auch unmöglich, kostengünstige Polinnen anzuheuern, wie es in der Altenpflege heute tausendfach praktiziert wird. Bliebe nur noch Variante vier: Sofort eine neue Ehefrau (Hausfrau) suchen!

US-Arbeitswissenschaftler bestätigen meine Berechnungen: Laut einer 2006 veröffentlichten Studie sind die Leistungen einer amerikanischen Vollzeithausfrau pro Jahr 134.121 Dollar wert. Demnach besteht die Arbeit der Hausfrauen aus 216 verschiedenen Tätigkeiten. Die Arbeitswissenschaftler haben ihren Berechnungen zehn Berufe zugrunde gelegt, die den Aufgaben einer Hausfrau nahekommen (Haushälterin, Köchin, Hausmeisterin, Nachhilfelehrerin, Psychologin usw.) und die von ihr gleichzeitig wahrgenommen werden. Den Ergebnissen dieser Studie entsprechend, sei die Arbeit der Hausfrau vergleichbar mit der eines Werbemanagers, Marketingchefs oder Richters.

Damit sind wir bei der „Qualität der Hausarbeit". Für die gesellschaftlich so überaus wichtige Hausfrauenarbeit existiert kein Qualitätsprofil. Das heißt: Was eine Hausfrau können und leisten muß, ist nirgendwo definiert. Selbstverständlich gibt es auch keine Hausfrauenausbildung. Kein Wunder, denn die Tätigkeit der Hausfrau umfaßt ja soviele Berufe, soviele Ausbildungen kann man ja gar nicht absolvieren.

Aus der Tatsache, daß wir den Beruf der Hausfrau nicht lernen, läßt sich aber nicht schließen, daß wir alle unqualifiziert sind. Im Gegenteil: Die meisten von uns beherrschen ihren Job erstaunlich gut, teilweise sogar besser als professionelle Kräfte.

Dafür gibt es mehrere Gründe: Zunächst einmal schaltet eine Frau, die ihre Erwerbstätigkeit aufgibt und Hausfrau wird, ja nicht ihren Verstand ab. Unser logisches Denken, unsere soziale und emotionale Intelligenz kommen nicht abhanden, wenn wir unseren Job aufgeben oder einschränken. Katherine Ellison führt in ihrem schon erwähnten Buch „Mutter sein macht schlau" zahlreiche Indizien dafür an, daß die Schwangerschaft und das Muttersein sogar zu kognitiven Verbesserungen bei den Müttern führen. Nach den jetzigen Erkenntnissen der Hirnforschung wissen wir, daß neue Erfahrungen das Gehirn ständig verändern und – wenn sie positiv, emotional besetzt und intensiv sind – seine Funktionen erhalten und sogar verbessern. Die Erfahrungen einer Mutter sind zumeist positiv, und aufgrund der mütterlichen Bindung zu ihrem Kind sind sie auch in höchstem Maße emotional besetzt und äußerst intensiv. Weil die Pflege ihrer Kinder ihr biologisch und kulturell auferlegt ist und sie ein Höchstmaß an Verantwortungsgefühl gegenüber ihren Nachkommen empfindet, stellt sich die Mutter täglich neuen Herausforderungen, die oft bis an die äußersten Grenzen ihrer geistigen, physischen und psychischen Kraft gehen. Das verbessert wiederum ihre intellektuelle

Leistungsfähigkeit. Darüber hinaus stellt die Mutter eines Babys oder Kleinkindes auch ihre körperliche und nervliche Belastbarkeit auf den Prüfstand.

Die Hausfrau und Mutter wendet, soweit wie möglich, auch ihr gesamtes schulisches und berufliches Wissen in ihrem neuen Job an: Biologische und ernährungswissenschaftliche Kenntnisse können dabei helfen, die Familie gesund zu ernähren, ökologische Kenntnisse, den Haushalt umweltgerecht zu führen, betriebswirtschaftliches und finanzwirtschaftliches Know-how, eine sparsame Haushaltsführung zu betreiben, technisches Verständnis, die Geräte im Haushalt und das Auto funktionsfähig zu erhalten, Computer- und Internetwissen, die Korrespondenz der Familie zu erledigen, familiennotwendige Informationen einzuholen, Einkäufe zu erledigen, Freizeitunternehmungen zu organisieren. Ohne die Fähigkeit des „Multitasking" (das heißt: mehrere Aufgaben gleichzeitig zu erledigen) und Managementfertigkeiten kommt eine Hausfrau ohnehin nicht weit.

Insbesondere die Erziehung der Kinder zwingt die Mütter, im Kopf verdrängtes Wissen wieder zu aktivieren und durch zusätzliches Wissen anzureichern. Daß Muttersein zur „Verblödung" führt (in den USA bezeichnet man das als „Mommy Brain", die urplötzliche Gehirnerweichung der zum Muttertier mutierten Frau), wie vor allem in der Vergangenheit auch von Feministinnen häufig behauptet wurde, halte ich für vollkommen unzutreffend: Man verbringt ja keineswegs den ganzen Tag damit, mit dem Kind „Hatata und Tututu" zu machen. Unser Sohn zum Beispiel war praktisch schon als Baby an Technik interessiert (Kassettenrekorder, Musikanlage etc.) und ab zwei Jahren auch an „wissenschaftlichen" Fragen, wie etwa die Erde entstanden ist (angeregt durch ein Buch, das wir ihm vorlasen). Da ich mich unserem Sohn nicht als in diesen wichtigen Fragen unwissende Person darstellen wollte und will, muß ich also immer versuchen, ihm glaubwürdig zu vermitteln, daß ich von diesen Dingen eine gewisse Ahnung habe. Ich krame dann also mein gesamtes naturwissenschaftliches Wissen aus Schulzeiten hervor, reichere das gegebenenfalls noch durch zusätzliche Informationen aus Lexika und Fachbüchern an und verweise, wenn ich nicht mehr weiterweiß, auf Papa, der ja schließlich Physik studiert hat, allerdings öfter zugeben muß, daß er vieles aus seinem Studium vergessen hat.

Aber nicht nur durch ihre individuellen Interessen fordern die Kinder uns bildungsmäßig heraus. Indem wir Mütter heute versuchen, unseren Kindern ein breitgefächertes Wissen und unterschiedlichste Fähigkeiten und Fertigkeiten zu vermitteln, bilden wir uns permanent auch selbst. Wenn unser Sohn ein Computerspiel installieren will, und es klappt nicht, wage ich mich in einem ersten Anlauf an dieses Unterfangen. Und wenn ich das Problem nicht lösen kann, probiere ich herauszufinden, woran es liegt (allerdings nur, wenn ich Zeit habe). Dabei lerne ich natürlich etwas. Ebenso, wenn ich mit einem Pflanzenbestimmungsbuch in der Hand mit ihm spazierengehe oder wir einen Besuch im Naturhistorischen Museum in Frankfurt, im Technischen Museum in Mannheim oder im Deutschen Museum in München machen.

Den ständig wechselnden und vielfach neuen Anforderungen, die das Hausfrauendasein an uns stellt, versuchen wir vor allem gewachsen zu sein, indem wir uns autodidaktisch bilden. Grundlage unserer Qualifikation sind zunächst einmal die Kenntnisse, die wir aus dem Elternhaus mitbringen. Es scheint, daß die jungen Frauen früher besser auf ihre Rolle als Hausfrau und Mutter vorbereitet wurden als heute. Mit der Förderung der schulischen Ausbildung und der beruflichen Qualifikation ist eine Dequalifizierung der Mädchen und Frauen in Bezug auf ihre hausfraulichen Qualitäten einhergegangen. Die Mädchen haben sich im schulischen Bereich mehr und mehr den Jungen angeglichen und sie sogar leistungsmäßig überholt, vom hauswirtschaftlichen Bereich verstehen sie aber zunehmend weniger.

Um so drängender stellt sich für junge Frauen die Notwendigkeit, sich für ihre Aufgabe als Hausfrau und Mutter zu qualifizieren, wenn sie zum ersten Mal ein Kind erwarten. Da werden Schwangerschafts- und Elternvorbereitungskurse besucht, wird Fachliteratur gewälzt und werden Elternzeitschriften gelesen. Mütter werden interviewt, Freundinnen und Bekannte. Nicht zuletzt greifen junge Mütter auf die auch in der Erwerbsarbeitswelt sehr bewährten Methoden des „Learning by Doing" und „Training on the Job" zurück. Dank der auch den Hausfrauen angeborenen Intelligenz ist es ihnen meist möglich, auftretende Probleme unter Rückgriff auf ihre kognitiven Fähigkeiten und ihrem erlernten Wissen zu lösen. Nach dem Motto „Wo liegt das Problem? Welche Lösungsmöglichkeiten gibt es? Welche probieren wir zuerst?" bewältigen die meisten Frauen ihre Arbeit sehr gut. Und reichen die eigenen Kenntnisse, Fertigkeiten und Erfahrungen einmal nicht aus und können auch Familienmitglieder und Freunde nicht weiterhelfen, läßt sich die Hausfrau eben von professionellen Kräften wie Ärzten, Psychologen, Handwerkern oder Lehrern beraten.

Eine verantwortungsvolle und fähige Hausfrau, unterstützt von ihrem Partner, ist in der Aufziehung von Kindern, der Pflege von Angehörigen und der Schaffung eines gemütlichen Heimes für die ganze Familie unverzichtbar. Sowohl in ihrer täglichen Arbeit wie bei der Lösung schwieriger, teilweise sehr spezieller Probleme ist sie professionellen Kräften überlegen. Warum? Es liegt an ihrer Motivation. Eine Tagesmutter fordert das Kind auf, nicht mit vollem Mund zu sprechen: einmal, zweimal, dreimal. Irgendwann reicht es ihr, sie gibt auf und sagt sich: „Nächstes Jahr ist das Kind ja nicht mehr in meiner Obhut." Oder: „Ist ja nicht mein Kind." Eine Mutter weiß: Sie wird ein Leben lang mit diesem Kind verbunden sein, und für das, was sie ihm jetzt nicht beibringt, wird sie in Zukunft die Quittung erhalten. Was sie dagegen in immer wiederkehrender Mühe und Anstrengung investiert, erhält sie teilweise unmittelbar, aber ganz gewiß in späteren Zeiten zurück.

Der Job als Hausfrau ist weniger entfremdet als jede andere Tätigkeit: Man arbeitet für das eigene Wohlbefinden, für das der Partner, für das der Kinder, der Mütter oder Väter. Und da es nichts Wichtigeres gibt als die Familie (jedenfalls behauptet das die große Mehrheit der deutschen Männer und Frauen), gibt es auch keine Arbeit, die von größerer Bedeutung wäre. Das motiviert die Hausfrauen und deshalb kämpfen sie auch bis zum Allerletzten, wenn ein Familienmitglied krank ist, es Schulprobleme bei den Kindern gibt oder der Opa nach dem Renteneintritt eine Altersdepression bekommt.

Ich kenne Mütter, die sich vehement gegen den Drogenkonsum ihrer Söhne eingesetzt haben, und zwar mit Erfolg. Während die

Freunde dieser Kinder ihre Suchtprobleme noch mit ins Erwachsenenalter schleppten, waren ihre Söhne schon längst etablierte und glückliche Ehemänner und Familienväter. Ich kenne Väter und Mütter körperbehinderter Kinder, die sich dafür engagiert haben, daß ihre Sprößlinge eine normale Schule besuchen können, und die heute stolze Eltern eines Akademikers sind. Und ich kenne Mütter, die verhindert haben, daß ihre Kinder schon in der Grundschule eine Klasse wiederholt haben, und die ein paar Jahre später mit dem Abitur ihrer Kinder belohnt wurden. Und und und ...

Diese Leistungen, die von den Hausfrauen oft eine enorme Anstrengung erfordern und sie permanent in Atem halten, können professionell nicht erbracht werden. Es gibt zwar sehr engagierte Erzieher, Lehrer, Psychologen und Sozialarbeiter, aber nur in Ausnahmefällen setzen sie sich so für andere Menschen ein wie eine Mutter, Ehefrau oder Tochter es tut.

Jede Hausfrau war wohl schon mehr als einmal in ihrem Leben mit Krisensituationen konfrontiert, die nicht von einem Tag auf den anderen gemeistert werden konnten. Schwerwiegende Probleme innerhalb der Familie erfordern meist „die ganze Frau". Da muß man die Krise erst einmal analysieren, Profis zu Rate ziehen, andere Frauen mit ähnlichen Erfahrungen befragen, Tag und Nacht Gedanken wälzen, bis man sich für Lösungswege entscheidet. Und die müssen dann ja noch umgesetzt werden, oft gegen Widerstände. Das erfordert Arbeit, Zeit und Kraft. Und all das läßt sich vielleicht mit einer Teilzeiterwerbsarbeit vereinbaren, aber nicht mit einem Full-time-Job, schon gar nicht, wenn man mehrere Kinder hat.

Ein Beispiel: Der Lehrer des Sohnes meiner Freundin teilte meiner Freundin am Ende des ersten Grundschuljahrs mit, daß ihr Sohn beim Erkennen und Zusammensetzen von Buchstaben Schwierigkeiten hätte, die nicht normal seien. Irgendetwas bei der Umsetzung dessen, was er hört oder sieht, würde nicht funktionieren. Sie müsse das überprüfen lassen. Nachdem meine Freundin bei diversen Ärzten erst einmal festgestellt hatte, daß ihr Sohn gut hört und sieht und sie weitere Erkundigungen eingezogen hatte, meldete sie ihn bei der einzigen Schulpsychologin der nächstliegenden Stadt an, um untersuchen zu lassen, ob er Legastheniker ist. Wartezeit: vier Monate! Das war meiner Freundin zu lang. Durch ein Gespräch mit einer anderen Mutter erfuhr sie von einer älteren, französischen, sehr guten Sprachtherapeutin in Forbach, unmittelbar hinter der französischen Grenze gelegen. Die Therapeutin testete den Kleinen und kam zu dem Ergebnis, das seine Eltern schon vermutet hatten: Der Junge sei kein Legastheniker. Nachdem er drei- oder viermal mit der Dame gearbeitet hatte, gab sie meiner Freundin ein paar Tips, wie sie mit ihm Lesen üben sollte. Das machte sie fortan. Weil ihr das Problem aber sehr auf der Seele lag (sie schlief damit ein und wachte damit auf, jede Mutter wird das kennen) und sie nicht das Risiko eingehen wollte, etwas falsch zu machen, nahm sie auch den Termin bei der Schulpsychologin wahr. Diese kam zu dem Ergebnis, daß ihr Sohn außerordentliche kognitive Fähigkeiten habe, aber leider auch eine, wie man es ja heute eher nennt, Lese-Rechtschreib-Schwäche. Die Psychologin konnte meiner Freundin aber nicht sagen, mit Hilfe welcher professionellen Kräfte sie diese „behandeln" lassen konnte. Das Angebot eines ansässigen privaten Instituts, das die Diagnose der Schulpsychologin bestätigte, überzeugte meine Freundin nicht und war zudem sehr teuer. Daher entschloß sie sich, selbst mit ihrem Sohn zu üben, zu üben, zu üben, zu üben ... Das war für das Kind hart, aber auch für seine Eltern, die es nicht überstrapazieren und bei Laune halten wollten. Aber – Sie werden es schon erraten haben – es hat sich gelohnt. Auch wenn der Kleine heute noch kein begeisterter Leser ist, beherrscht er inzwischen doch das Lesen in französischer und deutscher Sprache. Was das Problem der Lese- und Rechtschreibeschwäche betrifft, sind die Experten den Ursachen bis heute nicht auf den Grund gekommen. Vor kurzem, lange nachdem meine Freundin das Problem für sich schon gelöst hatte, gab ein auf diesem Forschungsgebiet führender Münchner Professor Eltern bezüglich der Behandlung der Schwäche den Rat: „Üben, üben und nochmals üben!"

Mit diesem Beispiel möchte ich untermauern, daß Experten engagierten Hausfrauen fachlich nicht automatisch überlegen sind, und daß das Engagement einer verantwortungsvollen Mutter nicht durch professionelle Dienste zu ersetzen ist. Diese sind auch nicht immer verfügbar, wie mein Beispiel zeigt, und sie kosten oft viel Geld. In unserer Gesellschaft sehe ich nicht die Bereitschaft, dafür die entsprechenden Mittel zur Verfügung zu stellen. Die Konsequenz daraus: Wenn die Hausfrauen diese Tätigkeiten nicht erbringen, werden sie auch von keinem anderen geleistet. Das wiederum produziert gesellschaftliche Kosten: heute, morgen und übermorgen. Und die müssen wir alle tragen, früher oder später.

Aber: Die Produktivität der Hausfrauen zeigt sich nicht nur in Krisensituationen. Auch im ganz normalen täglichen Leben erbringen Hausfrauen Leistungen, die für das Wohl der Familienmitglieder und für die Gesellschaft unverzichtbar sind. Der wichtigste Beitrag der Hausfrau zum Wohl ihrer Familie besteht in der Bereitstellung ihrer Zeit. Allein durch ihre Anwesenheit, gibt die Hausfrau Sicherheit, Schutz, Geborgenheit und Wärme. Je kleiner die Kinder und je hinfälliger ältere Angehörige sind, um so mehr bedürfen sie dieser Atmosphäre, da sie sonst Verlassenheitsgefühle entwickeln und Ängste bekommen.

Eine Hausfrau, die nicht oder nur Teilzeit erwerbstätig ist, hat meist genug Zeit, ein gesundes Mittagessen auf den Tisch zu bringen. Nachdem sie die Kinder von der Schule abgeholt hat oder diese selbständig nach Hause kommen, können sie beim gemeinsamen Mittagessen im Gespräch mit der Mutter oder sogar beiden Elternteilen (bei Selbständigen oder Schichtarbeitern), positive und negative Erlebnisse in der Schule verarbeiten und psychisch „quasi abhaken", so daß sich eventuelle Frustrationen gar nicht erst aufbauen. Wenn man ihnen dann erst einmal eine Ruhe- und/oder Spielpause gönnt, kommt das ihrem biologischen Rhythmus entgegen. Denn nach dem Essen ist ihre geistige und körperliche Leistungsfähigkeit nicht unerheblich eingeschränkt. Wenn dann die Hausaufgaben rufen, stehen die Mütter meist bereit, ihren Kindern zu helfen.

In Deutschland betreuen Tag für Tag Millionen von Mütter die Hausaufgaben ihrer Kinder. Insbesondere die kleinen Kinder und die Jungen brauchen jemanden, der ihnen hilft, sie ermahnt und antreibt und am Ende kontrolliert, daß alle Aufgaben erledigt wurden und der Schulranzen für den nächsten Tag vollständig gepackt ist (einschließlich gespitzter Bleistifte, damit in der Schule keine Zeit versäumt wird). Die schulischen Leistungen der deutschen Kinder wären bei weitem nicht so gut, wenn sie von ihren Müttern nicht so unterstützt würden. Und sie sind laut PISA im internationalem Vergleich so schlecht, weil es in Deutschland zu viele Familien gibt, in denen diese Unterstützung nicht stattfindet.

Verantwortungsvolle Hausfrauen sorgen natürlich auch dafür, daß ihre Kinder an die frische Luft kommen, Sport machen, vielleicht ein Instrument lernen und andere Kinder treffen. Abwechslung und eine Durchbrechung des regelmäßigen Tagesablaufs (für Kinder sehr wichtig) bringen ab und zu Ausflüge, ein Zeltwochenende oder eine Stadtbesichtigung. Das muß natürlich alles organisiert werden – und geht ohne die Mutter nicht. Die positive Seite ist aber: Kinder, die sinnvoll beschäftigt werden, machen keinen Unsinn. Und sie zeigen in der Schule bessere Leistungen. Nach einem aktiv verbrachten Tag brauchen Kinder ein gesundes und ausgewogenes Abendessen, am besten im Kreise der gesamten Familie, damit auch die Kommunikation mit dem Vater gesichert ist. Und das Zubettbringen der Kinder erfordert auch noch den elterlichen Einsatz: oft zuerst einmal Überzeugungsarbeit, damit die Kinder den Weg ins Bett schaffen (obgleich es auch Kinder geben soll, die freiwillig ins Bett gehen), dann noch Vorlesearbeit und Kuscheln.

Diese relativ intensive Betreuung der Kinder, möglicherweise ergänzt durch die Fürsorge für pflegebedürftige Angehörige, erfordert einen intensiven Einsatz der Hausfrau. Das ist mit einer Vollzeiterwerbstätigkeit nicht zu vereinbaren. Müssen oder wollen die Eltern aber ganztags berufstätig sein, bleibt für die Kinder weniger Zeit, und auch die Qualität der Betreuung leidet. Das hat unter anderem etwas damit zu tun, daß das Bedürfnis der Kinder nach Anwesenheit und Zuwendung ihrer Eltern nicht abrufbar ist. Wie mir einmal ein Bekannter schilderte, der noch an seiner unglücklichen Kindheit knabberte, half es ihm nicht, daß seine beruflich sehr engagierte Mutter ihn mittags, wenn er sie wegen eines für ihn dringlichen Problems anrief, auf den Abend vertröstete: Dann war es schon vorbei, dann brauchte er sie nicht mehr. Wenn das Kind hinfällt und sich weh tut, muß die Mutter dasein. Abends hat sich das Kind schon längst selbst geholfen, da braucht es keinen Trost mehr. Aber es nimmt vielleicht seelischen Schaden, wenn es sich in Notsituationen immer wieder allein gelassen fühlt.

Das kann einem Kind, dessen Mutter spätestens mittags zu Hause ist, nicht passieren. Selbst wenn sie ihm nicht den ganzen Tag das Händchen hält, was ja auch wohl kein Kind möchte, ist sie doch jederzeit verfügbar. Wenn die Mutter im Haushalt die meiste Zeit arbeitet, ist das höchstens für sehr kleine Kinder ein Problem. Sobald sie jedoch gelernt haben, sich selbst zu beschäftigen, oder wenn sie Geschwister oder Spielkameraden haben, genügt es, der Anwesenheit der Mutter gewiß zu sein. Das eröffnet der Hausfrau Möglichkeiten, notwendige Arbeiten zu erledigen und/oder sich um andere Familienmitglieder zu kümmern. Aus dieser Gleichzeitigkeit der Tätigkeiten erwächst im wesentlichen die Produktivität der Hausfrau, eine Produktivität, die meiner Meinung nach unschlagbar ist. Das gilt insbesondere für größere Haushalte mit mehreren Kindern oder Pflegebedürftigen. Denn hier kommen Größenvorteile – „Economics of Scale", wie die Ökonomin sagen würde – zum Tragen, die sich auf unterschiedlichste Weise äußern.

Kostenmäßige Größenvorteile in Familien entstehen zunächst einmal dadurch, daß man zusammen in einer Wohnung lebt und teure Räume wie Bäder und Küchen auf diese Weise nur einmal braucht. Auch beim Einkaufen, wo ein Viererpack meist günstiger ist als die Single-Portion, sparen Mehrpersonenhaushalte. Bezüglich des Arbeitsaufwands läßt sich in größeren Haushalten auch etliches effizienter organisieren als bei Einzelpersonen: Der Einkauf für die Großfamilie dauert zwar ein bißchen länger, aber Wege- und Anstehzeiten hat man nur einmal. Ob man für drei Personen kocht oder für fünf, macht kaum einen Unterschied. Und Waschmaschinen, Staubsauger und andere technische Geräte kann man mit mehreren Personen auch wesentlich besser ausnutzen als allein.

Die Hausfrau ist mithin besonders produktiv, wenn sie für viele Familienmitglieder sorgt – und dies mehr oder weniger gleichzeitig. Das setzt bei der Hausfrau die Fähigkeit voraus, mehrere Dinge auf einmal zu tun. Frauen verfügen über diese Fertigkeit (Männer angeblich nicht, was ich mir jedoch nicht vorstellen kann; vielleicht müssen sie nur ein bißchen üben): Sie kochen und beaufsichtigen dabei die Hausaufgaben der Kinder, helfen ihm bei Bedarf, wechseln der Oma die Batterie im Hörgerät und geben ihrem Partner einen neuen Toner fürs Faxgerät. Sie bügeln Hemden, halten dabei unserem pubertierenden Nachwuchs eine Standpauke wegen zu langen Ausgehens und klären zwischendurch noch irgendeine Frage mit dem im Hause werkelnden Installateur. Sie bringen ihren Sohn zum Sport, erledigen den wöchentlichen Großeinkauf, holen für ihren Partner ein Rezept beim Arzt, kommen beim Abholen des Sohnes mit der Mutter seines Freundes überein, für eine Klassenkameradin ein gemeinsames Geschenk zu besorgen, und klären mit der Trainerin den Termin für die Wochenendfahrt des Sportclubs: normale Hausfrauenarbeit!

Von der Haushälterin zu erledigen? Vom Kindermädchen? Oder von sonst jemandem?

Was die Hausfrau an Professionalität, Mobilität und Flexibilität zu bieten hat, jeder Arbeitgeber würde sich darüber freuen. Auch vollbeschäftigt ist sie, wenn es irgendwo brennt, jederzeit abrufbar. Hat der den Führerschein gerade erworbene Sohn nachts seinen ersten Verkehrsunfall und flatternde Nerven: Mama kommt! Muß der Ehemann plötzlich dringend zum Flughafen gebracht werden: Wird gemacht! Ist die kleine Tochter in der Schule plötzlich fiebrig: Mama ist zur Stelle! Fällt Oma hin und kann nicht mehr allein aufstehen: Wer ist da? Die Hausfrau.

Krankheit? Kann sich eine Hausfrau nicht leisten! Selbst wenn sie sich sehr schlecht fühlt, versucht sie noch die notwendigsten Arbeiten zu erledigen. Und sogar im Krankenbett betreut sie noch ihre Kleinkinder, wenn es nicht anders geht, und das ist meistens der Fall.

Die Arbeit der Hausfrau ist eben unverzichtbar. Das ist wahrscheinlich auch der Grund, daß Hausfrauen noch nie gestreikt haben in dem Sinne, daß sie ihre Arbeit niedergelegt hätten: Da blieben ja Babys und Kleinkinder unversorgt, Alte und Kranke.

Vermutlich würde in kurzer Zeit das ganze Wirtschaftsleben zusammenbrechen, weil der Großteil der Männer versuchen müßte, die Hausfrauen zumindest in ihren wichtigsten Funktionen zu ersetzen. Unser gesamter Wohlstand wäre in Gefahr: eine nationale Katastrophe!

Die aber vermutlich nie eintreten wird. Schließlich machen wir unsere Arbeit ja auch aus Liebe. Aber opfern sollten wir uns nicht für die Doppelbelastung, auch wenn genau das in einem Artikel im „Spiegel" im Jahr 2006 gefordert wurde.

15 Schluss mit der Ausbeutung der Familien: Die Hausarbeit wird bezahlt!

„Fast 240 Milliarden Euro für die Familien", so lautete die Überschrift eines Artikels in der „Frankfurter Allgemeinen Zeitung" vom 20. Juni 2006, in dem aufgelistet wird, welche enormen Leistungen, Vergünstigungen und Förderungen die bundesdeutschen Familien erhalten. Und es ist nicht die einzige Veröffentlichung in dieser Richtung. Selbst die christlich-demokratische Familienministerin Ursula von der Leyen wird nicht müde zu erklären, daß die finanzielle Förderung der Familien in Deutschland sehr hoch sei. Daß sie nicht den erwünschten Kindersegen brächte, liege offenbar daran, daß die Förderung nicht zielgerichtet genug sei.

Tatsächlich erhalten die Familien in Deutschland nicht mehr Geld, als sie an den Staat an Steuern und an die Systeme der sozialen Sicherung an Beiträgen zahlen, sondern sind in erheblichem Ausmaß Nettoeinzahler. Das heißt: In Deutschland leben die Kinderlosen in erheblichem Ausmaß auf Kosten der Familien, nicht umgekehrt. Eine Folge davon ist die Einkommensschere, die zwischen Kinderlosen und Familien besteht. Im Vergleich zu Paaren ohne Kinder haben Familien nicht nur wesentlich höhere Ausgaben, sonsdern, auch deutlich niedrigere Einkommen. Nach den Ergebnissen der Einkommens- und Verbrauchsstichprobe 2003 belief sich das durchschnittliche Pro-Kopf-Einkommen von Paaren ohne Kinder auf 1718 Euro, während es bei Paaren mit einem Kind lediglich 1155 Euro betrug und bei Paaren mit drei Kindern sogar nur noch 893 Euro. Kinderlose Paare verfügen also fast über das doppelte (!) Pro-Kopf-Einkommen von Familien mit mehreren Kindern. Die eklatante finanzielle Benachteiligung der Familien hat das ifo Institut in München 2005 in einer Studie („Die fiskalische Bilanz eines Kindes im deutschen Steuer- und Sozialsystem"), die im Auftrag der Kommission „Familie und demographischer Wandel" der Robert Bosch Stiftung erstellt wurde, nachgewiesen.

159

Die Ergebnisse dieser Studie werde ich im Folgenden ausführlich dokumentieren, weil sie von erheblicher Bedeutung für unsere Familienpolitik sind. Da ich die Kinderfrage jetzt einmal volkswirtschaftlich betrachte, komme ich um ein bißchen Ökonomie nicht herum:

Seit Bestehen der Bundesrepublik wurde in Deutschland keine Bevölkerungspolitik betrieben. Die Frage, wie viele Kinder die Familien in die Welt setzen sollten, wurde als rein private Entscheidung angesehen. Dementsprechend wäre es Aufgabe aller bisherigen Bundesregierungen gewesen, das Steuer- und Sozialsystem so zu gestalten, daß der Entschluß, keine, wenige oder mehrere Kinder zu haben, dadurch weder positiv noch negativ beeinflußt wird. Das würde bedeuten, Familien profitieren nicht von Kinderlosen, und Kinderlose leben nicht auf Kosten der Familien. Das System wäre neutral und böte damit eine gute Grundlage für eine freie Entscheidung der potentiellen Eltern, Kinder in die Welt zu setzen oder kinderlos zu bleiben.

Das ifo Institut hat nun herausfinden wollen, ob diese Neutralität des bundesdeutschen Steuer- und Abgabensystems besteht, und wenn dies nicht der Fall ist, ob das System positiv oder negativ auf die Entscheidung der Eltern, Kinder zu bekommen, wirkt. Zu diesem Zweck berechnete man, welche Steuerzahlungen und Beiträge in die Sozialversicherungen ein „normales" Kind, das im Jahr 2000 geboren wurde, im Laufe seines Lebens leistet. In die Berechnungen einbezogen wurden auch die von den Eltern erbrachten Leistungen und die zu erwartenden der Kindeskinder. Kinder verursachen aber auch öffentliche Kosten bzw. erhalten Leistungen aus öffentlichen Kassen. Diese reichen von Steuerausfällen (aufgrund der Nichterwerbstätigkeit der Mütter) über Kindergeld und Kinderfreibeträge bis zu Kinderbetreuungs- und Bildungsausgaben.

Bei der Berechnung der fiskalischen Bilanz eines Kindes, das heißt der Aufrechnung von geleisteten und erhaltenen Zahlungen, kam das ifo Institut zu folgenden Ergebnissen: Ein im Jahr 2000 geborenes Kind verursacht im Laufe seines Lebens Zahlungen in die gesetzlichen Sozialversicherungen in Höhe von 240.500 Euro und Steuerzahlungen in Höhe von 227.400 Euro, insgesamt also

467.900 Euro. Demgegenüber steht die Inanspruchnahme steuerfinanzierter staatlicher Leistungen von 391.000 Euro. Daraus ergibt sich ein positiver Saldo von 76.900 Euro. Das bedeutet: Mit jedem (durchschnittlichen) Kind subventioniert eine bundesdeutsche Familie kinderlose Singles und Ehepaare mit einem Betrag in Höhe von 76.900 Euro!

Das heißt aber auch: Das bundesdeutsche Steuer- und Sozialsystem fördert nicht nur das Kinderkriegen nicht, sondern bestraft diejenigen, die sich für Kinder entscheiden. Die Folge: Das Steuer- und Sozialsystem, insbesondere die auf dem Umlageverfahren bzw. Generationenvertrag basierende Renten-, Pflege- und Krankenversicherung, untergräbt seine eigenen Grundlagen. Das Sozialsystem ist auf Kinder angewiesen, trägt aber durch seine überdurchschnittliche Belastung der Familien dazu bei, daß weniger Kinder geboren werden als zum Erhalt des Systems notwendig sind. Das kann auf Dauer nicht funktionieren.

Eine weitere Erkenntnis aus der Studie ist ebenfalls von großer Bedeutung: Die Wissenschaftler haben ausgerechnet, daß die fiskalische Bilanz eines Kindes sehr stark davon abhängt, welches Einkommen das Kind als Erwachsener erwirtschaftet. Bei Beispielrechnungen für überdurchschnittlich und unterdurchschnittlich Verdienende kamen sie zu folgenden Ergebnissen: Ein im Jahr 2000 geborenes Kind, das in seinem Berufsleben 30 Prozent mehr als der Durchschnitt verdient, zahlt im Laufe seines Lebens 299.000 Euro mehr an den Staat und die Sozialversicherungen, als es erhält. Dagegen erhält ein im Jahr 2000 geborenes Kind, das 30 Prozent weniger als der Durchschnitt verdient, insgesamt 167.600 Euro mehr an staatlichen Transfers und Leistungen aus den Sozialversicherungen, als es im Laufe seines Lebens zahlt.

Die positive fiskalische Bilanz von Kindern (gemeint ist die Tatsache, daß sie mehr zahlen als sie erhalten), rührt hauptsächlich aus der gesetzlichen Rentenversicherung und der Krankenversicherung, weniger aus der Pflegeversicherung und der Arbeitslosenversicherung. Das liegt am Umlageverfahren, welches bewirkt, daß die aktive, in die Sozialversicherungen einzahlende Generation nicht nur für ihre Eltern Geld entrichtet, sondern auch für kinderlose und andere Leistungsbezieher.

Ich will das an einem Beispiel deutlich machen: Vor einigen Jahren wurde in der bundesdeutschen Presse von einer achtfachen Mutter berichtet, die 800 DM Rente erhielt, während ihre erwerbstätigen Kinder gleichzeitig monatliche Beiträge von rund 3500 DM in die Rentenversicherung leisteten, mit denen sie auch kinderarme oder kinderlose Rentenbezieher finanzierten. Zwar werden heute Erziehungsleistungen in der Rentenversicherung berücksichtigt, aber bei weitem nicht ihrem Werte entsprechend.

Welche Schlußfolgerungen sind nun aus den Ergebnissen des ifo Instituts zu ziehen: Um das Steuer- und Sozialsystem kinderneutral zu gestalten, müssen pro Kind 76.900 Euro zugunsten der Familien umverteilt werden. Gestehen wir den Familien diesen Betrag in den 20 ersten Lebensjahren des Kindes zu, bedeutet das, daß erstens jährlich 56 Milliarden Euro an die Familien umzuverteilen sind und zweitens jede Familie pro Kind und Jahr in Durchschnitt 3845 Euro erhält. Dies würde einem monatlichen Betrag von durchschnittlich rund 320 Euro pro Kind entsprechen.

Wie wir oben gesehen haben, spielt die „Qualität" der Kinder eine entscheidende Rolle bezüglich ihrer fiskalischen Bilanz. Intakte leistungsfähige Kinder mit einer guten Bildung und Ausbildung verdienen als Erwachsene in der Regel überdurchschnittlich und zahlen beträchtlich mehr Steuern und Beiträge in die Sozialversicherungen als sie an Leistungen erhalten. Es ist also volkswirtschaftlich nicht egal, wer Kinder bekommt, und vor allem nicht, wie sie aufgezogen werden.

Angesichts dieser Tatsache stimmt es nachdenklich, wenn heute in Deutschland entweder sehr reiche oder sehr arme oder aus dem Ausland stammende Familien kinderreich sind, während die Mittelschichten sich mit keinem, einem oder maximal zwei Kindern begnügen (müssen?). Diese Entwicklung muß gestoppt werden: insbesondere dadurch, daß es sich Durchschnittsverdiener wieder leisten können, mehrere Kinder zu bekommen, ohne in die Armutsfalle zu geraten.

Kinder aus der Mittel- und Oberschicht werden heute in der Regel von ihren Eltern in jeder Hinsicht ausreichend gefördert. Dies ist ja ein Grund dafür, daß weniger Kinder geboren werden. Die

Familien investieren heute mehr in die „Qualität" ihrer Kinder, das heißt, sie wenden mehr Geld für den Konsum und die Ausbildung ihrer wenigen Kinder auf und verzichten dafür auf eine entsprechende Quantität.

Kinder aus einkommensschwachen Familien, die von ihren Eltern und in der Schule gut betreut und gefördert werden, können auch einen hervorragenden Schulabschluß machen, eine qualifizierte Ausbildung absolvieren und später überdurchschnittlich verdienen. Unter den heutigen Bedingungen aber, bei denen Chancengleichheit für Kinder aus unterschiedlichen sozialen Milieus nicht besteht, ist es insbesondere für Nachkommen aus sozial schwachen Familien schwierig, einen höheren Bildungsabschluß zu erreichen. Die Glücklicheren unter ihnen machen einen Realschulabschluß, die meisten einen Hauptschulabschluß (häufig mit schlechten Noten), und ein großer Teil verläßt die Schule sogar ganz ohne Abschluß. Für diese Jugendlichen ist es schwierig, einen Ausbildungsplatz zu erhalten, später finden sie keinen festen Arbeitsplatz und laufen Gefahr, unserem Sozialsystem ein Leben lang auf der Tasche zu liegen. Wie wir oben gesehen haben: Mit durchschnittlich 167.600 Euro an gesellschaftlichen Kosten pro Person ist das eine teure Angelegenheit. Doch die bisher praktizierte Familienförderung hilft diesen unschuldigen Kindern, die ja nichts dafürkönnen, daß sie in eine sozial problematische Familie geboren wurden, bislang nicht.

Das Kindergeld wird in Deutschland an jede Familie ausgezahlt, egal ob die Mutter das Geld für die gesunde Nahrung des Kindes ausgibt oder in Alkohol umsetzt. Auch der gutverdienende Familienvater, der seine Kinder regelmäßig seelisch oder körperlich mißhandelt, kann die Kinderfreibeträge in der Einkommenssteuer geltend machen. Und auch der türkische Vater, der seine begabte Tochter nicht aufs Gymnasium gehen läßt, erhält Kindergeld. Da nun aber die „Qualität" der Kinder, das heißt die Entwicklung ihrer Persönlichkeit mit allen Begabungen und Talenten, für die Zukunft unseres Land so wichtig ist, können wir uns diese „leistungsunabhängige" Familienförderung nicht mehr leisten.

Deswegen müssen die Familien, die gut für ihre Kinder sorgen, die sie fördern und unterstützen und versuchen, ihnen die besten

Grundlagen für ihre Entwicklung zu bereiten, für ihre Erziehungsleistung mehr Geld erhalten. Bei den Familien, die ihren Pflichten nicht oder nur ungenügend nachkommen, muß die finanzielle Unterstützung aus der Verfügung der Eltern umgeleitet werden zum Kind.

Dementsprechend schlage ich vor, jegliche finanzielle Förderung von Ehe und Familie, die unabhängig von Erziehungs- und Pflegeleistungen sind, abzuschaffen. Dazu gehören: das Ehegattensplitting, das Kindergeld, die Kinderfreibeträge, das Erziehungsgeld, Kindererziehungsleistungen in der Rente und bei der Einkommenssteuer; der Abzug von Kinderbetreuungskosten von der Steuer, die Kinderkomponente in der Eigenheimförderung, Ausbildungsfreibeträge, Pflegepauschalbetrag, Aufwendungen für die Beschäftigung einer Haushaltshilfe, Unterhaltsfreibetrag für nahe Angehörige und Ausbildungsfreibeträge usw.

Stattdessen sollte die Familienförderung sich, auch der Einfachheit und Überschaubarkeit halber, auf drei Maßnahmen konzentrieren:

1. In der Einkommensteuer muß ein kulturelles Existenzminimum aller Familienmitglieder, auch der Kinder, von der Steuer vollkommen freigestellt sein.

2. Alle Familien erhalten für die Fürsorge und Erziehung, die sie ihren Kindern angedeihen lassen, ein leistungsgerechtes sozialversicherungspflichtiges Erziehungsgehalt.

3. Ausbau der Infrastruktur für Kinder.

Das ifo Institut ist bei einem internationalen Vergleich zu den „Auswirkungen familienpolitischer Instrumente auf die Fertilität" zu dem Ergebnis gekommen, daß ein zusätzliches Kindergeld in Höhe von 31 Euro pro Monat die Fertilität in Deutschland um etwa 0,03 Kinder je Frau erhöhen würde. Bei zusätzlichen 320 Euro pro Kind würde das bedeuten: Die Frauen in Deutschland würden statt heute 1,35 Kinder in Zukunft 1,65 Kinder zur Welt bringen.

Übrigens vermerkt das ifo Institut in der genannten Studie, daß „obwohl länderübergreifende Querschnittsvergleiche eine entsprechende Vermutung nahelegten, es in Studien für einzelne Länder nicht gelungen ist, den Nachweis einer positiven Wirkung der Verfügbarkeit von Kinderbetreuungsplätzen auf die Fertilität zu erbringen".

Aus Sicht der Eltern werden die Kinderkosten sogar erhöht, wenn statt einer finanziellen Förderung des Kindes bzw. der Familie Betreuungseinrichtungen gefördert werden, die man vielleicht gar nicht oder nur teilweise in Anspruch nehmen will oder kann. Außerdem wird mit der Bereitstellung und Finanzierung von entsprechenden Institutionen eine bestimmte Betreuungsform künstlich zugunsten anderer Alternativen, zum Beispiel der Obhut durch die Eltern, begünstigt. Damit steht es vielen Eltern, vor allem einkommensschwächeren, nicht mehr frei, über die Betreuungsweise ihrer Kleinen selbst zu entscheiden. Das könnte unter Umständen dazu führen, daß potentielle Eltern, die ihre Kinder lieber selbst großziehen wollen, erst gar keine zur Welt zu bringen.

Daher ist es besser, die Mittel für Betreuungseinrichtungen direkt den Eltern zugute kommen zu lassen. Diese können sich dann entscheiden, wie sie das Geld verwenden wollen: ob sie ihre Erwerbsarbeit aufgeben oder ihre Arbeitszeit reduzieren, um sich selbst um ihre Kinder zu kümmern, oder ob sie damit eine Tagesmutter finanzieren oder die Kinder in öffentlichen oder privaten Betreuungseinrichtungen unterbringen, für die sie dann bezahlen.

Auf der Grundlage des vorgeschlagenen Erziehungsgeldes in Verbindung mit der Freistellung des Existenzminimums aller Familienmitglieder in der Einkommensteuer könnten sich viele Familien dazu entscheiden, mehr Kinder zu bekommen.

Aber mit dem Erziehungsgeld soll ja nicht nur die durchaus gewünschte Erhöhung der Geburtenrate erreicht werden. Es soll vor allem ein Instrument sein, um die Kindesmißhandlung und Kindesvernachlässigung wirksam zu bekämpfen und die „Qualität" der Fürsorge und Erziehung der Kinder zu erhöhen, das heißt, ihnen optimale Grundlagen zu bieten, ihre Persönlichkeit zu entwickeln, ihre Talente zu entfalten und sich zu einem gesunden, leistungsfähigen und fröhlichen Erwachsenen zu entwickeln. Um dieses Ziel zu erreichen, müßten die Eltern von der Geburt des Kindes an bis zu seiner Volljährigkeit hinsichtlich der Fürsorge, Förderung und Erziehung des Kindes begleitet und beraten werden.

Optimal für die Vorbereitung einer verantwortungsbewußten Elternschaft wäre es, wenn bereits die Jugendlichen in den Schulen noch eindringlicher als heute über Familienplanung und verantwortete Sexualität unterrichtet würden, damit es so wenig wie möglich nichtgewollte Schwangerschaften gibt. Diejenigen, die sich zu einem Kind entschließen, sollten eine Art Elternführerschein machen. Hierbei würde man von erfahrener Seite darüber informiert werden, was es bedeutet, ein Kind zu haben, besonders in den ersten Jahren. Da infolge der Geburt des ersten Kindes die herkömmliche Arbeits- und Rollenverteilung in der Beziehung verändert werden muß, kommt es häufig zu Konflikten. Durch eine entsprechende Vorbereitung und Planung lassen sich die Probleme am besten in den Griff bekommen.

In der Schwangerschaft könnten die werdenden Eltern von Ärzten und Hebammen beraten werden, ebenso in den ersten Monaten nach der Geburt des Kindes. Im ersten Lebensjahr des Kindes sollte die Hebamme durch vierteljährliche Hausbesuche sicherstellen, das die Eltern mit dem Kind gut zurechtkommen. Ab dem zweiten Lebensjahr könnte die Familienbetreuung von Familienberatungsstellen (angeschlossen an die örtlichen Kindergärten und Jugendämter) übernommen werden. Vierteljährliche Hausbesuche würden in der Regel ausreichen, um etwaige Probleme in den Familien zu erörtern. Darüber hinaus sollten die Familienberater immer zur Verfügung stehen, wenn die Familien sie brauchen.

Die Hebammen und Familienberater sollten eng mit allen Personen zusammenarbeiten, die mit der Erziehung des Kindes zu tun haben: dem Gynäkologen der Mutter, dem Kinderarzt, den Erziehern im Kindergarten oder in anderen Betreuungseinrichtungen, den Lehrern, Trainern etc. Sie sollten darüber wachen, daß das Kind von Anfang an gute Lebensbedingungen vorfindet.

Das beginnt schon in der Schwangerschaft, wo darauf geachtet werden sollte, daß die werdende Mutter nicht raucht, keinen Alkohol trinkt, alle Vorsorgeuntersuchungen absolviert. Das geht weiter nach der Geburt, wenn das Kind zu stillen ist, viel Nähe zu einer gleichbleibenden Person braucht und das Kind regelmäßig zu den ärztlichen Vorsorgeuntersuchungen gebracht werden muß.

Später wäre darauf zu achten, daß das Kind körperlich gesund ist, sich geistig auf einem altersgemäßen Entwicklungsstand befindet und auch seelisch einen gesunden Eindruck macht.

Für die meisten Eltern werden die Familienberater eine Hilfe sein, Probleme in der Fürsorge und Erziehung der Kinder zu lösen. Zwar werden Väter und Mütter heute zunehmend informiert, indem sie alle möglichen Bücher und Zeitschriften lesen, im Internet surfen, sich mit anderen Eltern beraten oder Elternkurse absolvieren, trotzdem steht man in der Erziehung immer wieder vor neuen Fragen, zu deren Beantwortung man ganz gerne auf das Wissen von erfahreneren Personen zurückgreifen würde. Das zeigen übrigens auch die Ergebnisse aus anderen Ländern. In Finnland werden Eltern schon seit einigen Jahren von Familienberatern betreut. Auf freiwilliger Basis beteiligen sich dort mehr als 90 Prozent der Eltern an dem Programm.

Auch in Deutschland fragen mehr und mehr Väter und Mütter nach professioneller Beratung, um Erziehungsfragen zu lösen. Das Problem besteht nur darin, daß die Eltern, die eine solche am meisten nötig haben, sich nicht darum bemühen. Die wenigsten alkohol- oder drogenabhängigen Mütter suchen Unterstützung beim Jugendamt; überforderte Eltern, die ihre Kinder körperlich mißhandeln, suchen nicht nur keine Hilfe, sondern bemühen sich sogar, ihr Handeln geheimzuhalten; und die Eltern von Problemschülern sind meist genau diejenigen, die nicht zum Elternabend kommen.

Mit dem vorgeschlagenen Ausbau der Erziehungsberatung würden wir eine Möglichkeit schaffen, an diese Familien heranzukommen. Die Erziehungsberatung wäre obligatorisch, das heißt Pflicht für alle Familien, die in den Genuß des Erziehungsgehalts kommen wollen.

Ein ähnliches Modell besteht heute schon im Bereich der häuslichen Pflege. Angehörige, die einen Pflegenden in der Pflegestufe I, II oder III betreuen, erhalten von der Pflegeversicherung ein Pflegegeld. Ein Mitarbeiter des Medizinischen Dienstes absolviert regelmäßig Hausbesuche (die Häufigkeit hängt von der Pflegestufe ab), um die pflegenden Angehörigen zu beraten und gleichzeitig sicherzustellen, daß die Pflegepersonen angemessen betreut und behandelt werden. Ich weiß aus eigener Erfahrung, wie hilfreich diese Hausbesuche sind, auf die ich schon manches Mal gewartet habe, um in der täglichen praktischen Pflege meiner Schwiegermutter auftretende Fragen zu klären.

Diese in der Pflege millionenfach durchgeführten Hausbesuche sollten auch in der Kindererziehung Selbstverständlichkeit werden. In den meisten Familien werden nicht bei jedem Beratungstermin schwerwiegende Probleme zu erörtern sein. Wenn in der Familie im Prinzip alles in Ordnung ist, wird man mit dem Familienberater wahrscheinlich nur kleinere Erziehungsfragen besprechen, wie man beispielsweise mit einem ungerechten Lehrer umgeht, wie man die Kinder zum Klavierüben motiviert oder wie man vermeiden kann, daß sich die Geschwister immer streiten. In anderen Fällen, und diese können jede Familie früher oder später einholen, könnten die Hilfe und der Rat des Beraters von großer Bedeutung sein, etwa wenn es in der Ehe der Eltern kriselt oder sogar eine Scheidung ansteht, wenn es zu gewaltsamen Handlungen zwischen Eltern und/oder Eltern(teilen) und Kindern kommt, wenn Kinder oft oder schwer erkranken oder von Eßstörungen geplagt werden, wenn sie Schulprobleme oder -ängste haben, wenn ihnen Freunde fehlen, wenn sie sich von den Eltern vernachlässigt fühlen, wenn in der Pubertät das Gespräch zwischen den Eltern und dem Kind abreißt. In diesen Krisen könnten kompetente und erfahrene Familienberater, bei Bedarf unterstützt von anderen professionellen Kräften, insbesondere den Kindern, aber auch ihren Eltern bei der Bewältigung der aktuellen Probleme helfen, bis wieder eine „Normalsituation" erreicht ist, mit der die gesamte Familie gut leben kann.

Es wird auch Eltern geben, die von ihrer Grundstruktur und ihrem Grundverhalten her nicht in der Lage sein werden, ihrem

Nachwuchs ausreichend Schutz und Geborgenheit, Zeit und Zuwendung, Anregung und Förderung zu vermitteln. In diesen Fällen wäre es Aufgabe des Familienberaters, mit den Eltern zusammen einen Betreuungs- und Erziehungsplan für das Kind zu entwickeln. Dabei wäre zunächst zu erörtern, welche Aufgaben Vater und Mutter in der Betreuung und Erziehung ihres Kindes übernehmen wollen und können.

Wenn sich herausstellt, daß die leiblichen Eltern kein ausreichendes Interesse an ihrem Kind haben oder überfordert sind, sollten sie davon überzeugt werden, es zur Adoption freizugeben oder zumindest dauerhaft in eine ausgewählte Pflegefamilie zu geben, in der es Schutz und Geborgenheit findet. Wenn die Eltern zwar gern selbst für ihr Kind sorgen wollen, ihnen aber die dafür notwendigen Fähigkeiten und Qualifikationen fehlen, könnten ihnen entsprechende Verhaltens- und Erziehungskurse (Theorie und Praxis) angeboten werden.

Zwischenzeitlich könnte das Kind zeitweise oder ganz – je nach Fall – entweder in anderen Familien oder in öffentlichen Einrichtungen betreut werden. Die Unterbringung in Heimen ist sicher nur im alleräußersten Notfall erforderlich, die Betreuung in guten Ganztagskindergärten oder -schulen wäre aber bestimmt für viele dieser Kinder hilfreich. Wenn die familiären Verhältnisse es (noch) nicht zulassen, daß das Kind nach der Ganztagsbetreuung zu den leiblichen Eltern nach Hause geht, könnten die Kinder in Pflege- oder Patenfamilien Zuflucht finden.

Ich stelle mir dabei folgendes System vor: Jede „Problemfamilie" bzw. jede Familie, in der eine schwerwiegendere Krise auftritt, wird von dem Familienberater mit einer gut funktionierenden „Patenfamilie" zusammengebracht, in die das Kind solange „fliehen" kann, bis sich die Verhältnisse in der eigenen Familie wieder normalisiert haben (in den USA gibt es bereits ein vergleichbares System, das unter dem Namen „Foster-Families" fungiert). Als Patenfamilien könnten auch kinderlose Ehepaare oder Singles, Senioren und Seniorinnen fungieren: Voraussetzung wäre allerdings, daß sie sich als „Patenfamilie" qualifiziert haben. Die „Patenfamilien" könnten für die Kinder auch Ansprechpartner bleiben, wenn diese wieder in ihre Familien zurückgekehrt sind.

Das würde den Kindern eine zusätzliche Sicherheit in eventuell wieder auftretenden Krisen in ihrer leiblichen Familie verschaffen, und die „Patenfamilien" hätten dauerhaften Kontakt zu Kindern. Insbesondere Scheidungskinder könnten von der „Zweitfamilie" profitieren: Schließlich zeigt die Erfahrung, daß die Kinder Scheidungen am besten verkraften, die in einem ansonsten intakten familiären Umfeld (Oma, Opa, Tanten, Onkel etc.) aufgefangen werden bzw. deren Mutter und Vater sich auch nach der Trennung intensiv um das Kind kümmern. Das ist aber leider in den wenigsten Familien der Fall. Oft steht die Mutter nach der Scheidung sehr allein da. Wenn sie dann und vielleicht schon vor der endgültigen Trennung von einer „Patenfamilie" unterstützt wird, kann das nicht nur ihrem Kind helfen, sondern auch ihr selbst die Situation erleichtern.

Nun noch einmal zurück zum Erziehungsgehalt: Das Erziehungsgehalt ist keine Gebärprämie oder Ersatzleistung für entgangenes Erwerbseinkommen. Es ist das Entgelt für die Erziehungsleistung. Das bedeutet, daß nur derjenige dieses Entgelt erhält, der die Leistung auch tatsächlich erbringt. Familien, welche die Fürsorge für ihr Kind nur teilweise oder gar nicht erbringen, wird das Erziehungsgehalt entsprechend gekürzt. Allerdings wird das Geld lediglich der Verfügung der Eltern entzogen, nicht aber dem Kind. Das sieht zum Beispiel folgendermaßen aus: Hält eine Familienberaterin es aufgrund der familiären Verhältnisse für angebracht, daß ein Kind den Ganztagskindergarten besucht, danach aber in die Familie zurückkehrt, wird das Erziehungsgehalt um die Kosten des Mittagessens und der Nachmittagsbetreuung vermindert. Ist der dauerhafte Aufenthalt des Kindes in einer Pflegefamilie notwendig, erhält die Pflegefamilie das volle Erziehungsgehalt; den leiblichen Eltern wird es gestrichen, bis das Kind wieder zu ihnen zurückkehrt. Das Erziehungsgehalt kommt also in jedem Fall der Fürsorge und Erziehung des Kindes in voller Höhe zugute.

Im Regelfall bleibt es der Entscheidung der Eltern überlassen, wie sie die Fürsorge und Betreuung ihres Kindes sicherstellen. Alle Mütter und Väter, die ihrer erzieherischen Verantwortung nachweisbar mit Einsatz und Erfolg nachkommen, erhalten das Erziehungsgehalt in voller Höhe. Ihre Leistung wird an ihrem persönlichen Engagement und am Zustand ihres Kindes gemessen: Ist das Kind körperlich gesund, entspricht die intellektuelle Reife seinem Alter und macht es seelisch einen gesunden Eindruck, steht der Zahlung des Erziehungsgehaltes nichts im Wege. Wenn sich die Eltern entscheiden, die Kinder selbst zu erziehen, erhöht das Erziehungsgehalt das persönliche bzw. Familieneinkommen. Wenn sie ihre Kinder in einer Ganztagseinrichtung unterbringen, können sie das Erziehungsgehalt zur Zahlung entsprechender Gebühren verwenden. Beschäftigen sie eine qualifizierte Tagesmutter für ihr Kleinkind, können sie diese davon bezahlen. Jede Familie entscheidet also nach ihrer Lage und ihren Bedürfnissen, wie sie die Aufziehung ihrer Kinder gestaltet.

Wenn sich die Familie dazu entschließt, das Erziehungsgehalt teilweise oder in voller Höhe für die eigene Leistung zu vereinnahmen (zum Beispiel als Hausfrau oder Hausmann), wird es der Sozialversicherungspflicht unterworfen. Das heißt konkret: Wir schaffen den Beruf Hausfrau und Mutter bzw. Hausmann und Vater. Dieser Beruf kann selbstverständlich auch in Teilzeit ausgeübt werden. Entsprechend gäbe es in Zukunft aufgrund der Gründung einer Familie keinen Berufsausstieg und -wiedereinstieg von Mutter oder Vater, sondern einen Berufswechsel, etwa von der jungen Vollzeitärztin oder zur Vollzeithausfrau/Mutter, dann zur Teilzeitärztin und Teilzeithausfrau/Mutter und danach wieder zur Vollzeitärztin oder beim Vollzeitstahlarbeiter zum Vollzeithausmann/Vater – und schließlich vielleicht zum Vollzeitrentner.

Das Erziehungsgehalt wird in Abhängigkeit von der erbrachten Leistung gezahlt, ähnlich wie das Pflegegeld aus der Pflegeversicherung. Zur Erinnerung, in der Pflege gibt es drei Stufen – Pflegestufe I: Erheblich pflegebedürftig, Pflegestufe II: Schwer pflegebedürftig und Pflegestufe III: Schwerstpflegebedürftig –, die mit einem steigenden Pflegegeld honoriert werden.

In Anlehnung an die Pflegeversicherung würde ich für das Erziehungsgehalt ebenfalls drei Stufen vorschlagen: Stufe I für das erste Lebensjahr eines Kindes entspricht in etwa der Arbeitsbelastung, die man mit einem schwerstpflegebedürftigen Menschen hat, Stufe II für das zweite und dritte Lebensjahr des Kindes der schweren Pflegebedürftigkeit und Stufe III bis zum 20. Lebensjahr der Betreuung erheblich Pflegebedürftiger. Dieser Leistung entsprechend könnte die Entlohnung der Erziehungspersonen wie folgt gestaffelt sein, wobei die vorgeschlagenen Beträge als absolutes Minimum zu verstehen sind:

Stufe I	erstes Lebensjahr des Kindes:	1600 Euro
Stufe II	zweites Lebensjahr des Kindes:	1000 Euro
Stufe III	bis zum 20. Lebensjahr:	500 Euro.

Das Erziehungsgehalt in dieser Höhe wird nur geleistet, wenn der Altersabstand der Kinder mindestens zwei Lebensjahre beträgt, da die Erziehungsperson sonst nicht ausreichend Zeit hat, sich um das einzelne Kind zu kümmern. In begründeten Ausnahmefällen könnte von dieser Regelung abgewichen werden.

Die anspruchsvolle Rolle einer guten und verantwortungsbewußten Hausfrau (Hausmann) und Mutter (Vater) läßt sich nicht nebenbei erfüllen, sondern ist ein (je nach Haushaltsgröße) Teilzeit- oder Vollzeitjob, der hohe Qualifikationen erfordert. Um aber eine ausreichende Qualität der Hausarbeit zu gewährleisten, muß das Berufsbild der/des Hausfrau/Hausmannes mit einem dazugehörenden Ausbildungsgang geschaffen werden. Eine Ausbildung könnte entweder mit einem Gesellenbrief oder einer staatlichen Prüfung abgeschlossen werden.

Mögliche Fächer für den Ausbildungsgang könnten sein: Ökologische Hauswirtschaft, Gartenbau, Grundkurs Bauhandwerk/Haustechnik, Innenarchitektur/Ästhetik, Körperhygiene, Gesundheitsvorsorge, Grundkurse Schulmedizin/Homöopathie, gesunde Ernährung, Kochen, Finanzplanung, Buchführung, Grundwissen Vermögensanlage, Nähen, Säuglings- und Kinderpflege, kindliche Entwicklung und altersgemäße Erziehung, Grundkurs Philosophie (Werte und Lebensführung), Grundkurs Pädagogik, Altenpflege, Psychologie mit Schwerpunkt Ehe/Kinder/Familie, Beziehungsmanagement, Motivationstraining, Moderation und Streitschlichtung, Zeitmanagement, Organisation.

In der Schule sollten bereits Grundlagen für die spätere Tätigkeit als Hausmann oder Hausfrau gelegt werden. Die Schulmüdigkeit der Jugendlichen in der Mittelstufe, insbesondere die der Jungen, könnte durch die Vermittlung praxisorientierten lebensnahen Wissens und entsprechender Fähigkeiten und Fertigkeiten durchbrochen werden. Besonders interessierte Schüler und Schülerinnen könnten schulbegleitend Zwischenprüfungen ablegen, die mit dem Gesellenbrief oder der Staatlichen Prüfung abschließen.

Die Entlohnung des Hausmannes/der Hausfrau richtet sich nach seiner/ihrer Leistung. Sie setzt sich zusammen aus dem Erziehungsgehalt für das Kind oder die Kinder sowie dem Pflegegeld für pflegebedürftige Familienangehörige, wobei dieses Gehalt voll sozialversicherungspflichtig ist. Damit ist der Hausmann/die Hausfrau renten-, kranken- und pflegeversichert, auch gegen Arbeitslosigkeit. Soweit der Hausmann/die Hausfrau Dienstleistungen für den erwerbstätigen Ehepartner übernimmt, kann auch dafür ein finanzieller Ausgleich verlangt/gewährt werden. Dieser ist zwischen den Ehepartnern auszuhandeln, er unterliegt nicht der Sozialversicherungspflicht.

Im Zusammenhang mit der Forderung einer Sozialversicherungspflicht für Hausmänner/frauen weise ich daraufhin, daß es Vergleichbares bei der Pflege von Angehörigen schon gibt. Pflegende Angehörige erhalten nach geltendem Recht ein – wenn auch zu geringes – Pflegegeld. Die aufgewandte Zeit wird außerdem in der Rentenversicherung anerkannt, die Pflegeversicherung entrichtet monatlich einen dem Pflegegeld entsprechenden Beitrag an die Rentenkasse. Seit dem 1. Februar 2006 können sich Personen, die Angehörige pflegen, auf Antrag bei der zuständigen Agentur für Arbeit freiwillig in der Arbeitslosenversicherung weiterversichern. Mit diesen Regelungen wird die Pflege Angehöriger zumindest teilweise wie eine Erwerbsarbeit anerkannt. Es ist doch nur folgerichtig, die gesellschaftlich notwendige Arbeit der Aufziehung von Kindern gleichwertig zu behandeln.

Jeder Arbeitnehmer hat ein Recht auf feste Arbeitszeiten und humane Arbeitsbedingungen. Hausfrauen und Hausmänner sind gerade deshalb so produktiv und effizient, weil sie immer einsatzbereit sind. Deshalb fordern sie keine festen Arbeitszeiten und Überstundenzuschläge. Aber: Auch eine Hausfrau oder ein

Hausmann muß das Recht auf Freizeit haben, auf eine Zeit, in der sie/er wirklich einmal in Ruhe gelassen wird.

Abschließend ein paar volkswirtschaftliche Überlegungen zum Beruf Hausfrau:

Im Zusammenhang mit der Arbeitsteilung zwischen Männern und Frauen wird die Frage einer ökonomisch effizienten Aufteilung der Erwerbsarbeit und der Hausarbeit allgemeinhin nicht erörtert. Die feministische Bewegung der siebziger Jahre und danach forderte die Gleichstellung der Frauen im Beruf, gleichzeitig war sie von der Vorstellung geleitet, daß sich Männer und Frauen die Hausarbeit teilen. Inzwischen stellen wir in allen Ländern fest, daß die Männer offenbar nicht bereit sind, ihren Part im Haushalt zu übernehmen. Dabei werden sie von Frauen unterstützt, die entweder Vollzeithausfrau werden oder nur teilerwerbstätig sind und somit genug Zeit haben, sich um den Großteil der Hausarbeit zu kümmern.

Diese nicht nur von den deutschen Familien praktizierte Arbeitsteilung (die Teilzeitquote der Frauen ist auch in Ländern wie Schweden, Frankreich oder in den Niederlanden sehr hoch) hat betriebswirtschaftliche Vorteile, ist aber auch volkswirtschaftlich durchaus sinnvoll. Wenn sich die Familie für die Vollerwerbstätigkeit des in der Regel besserverdienenden Ehemannes entscheidet und sich die Ehefrau in Vollzeit oder Teilzeit auf die Hausarbeit spezialisiert und dem Mann „den Rücken freihält", so daß er sich auf seine berufliche Karriere konzentrieren kann, so führt dies im Normalfall zu optimalen Ergebnissen für den Haushalt. Der Mann kann Karriere machen und verdient immer mehr Geld, die Frau optimiert derweil ihre Tätigkeit zu Hause: Sie unterstützt ihren Mann durch berufliche Beratung, die Pflege sozialer Kontakte, psychische Stabilisierung („Hinter jedem erfolgreichen Mann steht eine kluge Frau"), sie schafft für die Familie ein gemütliches Zuhause und trägt damit zu deren Motivation bei. Durch einen intelligenten Einkauf (wenn man Zeit für Preisvergleiche hat, kann man viel Geld sparen), den Einsatz von technischen Geräten und ihrer eigenen Arbeit optimiert sie ihre Produktion im Haushalt. Sie kümmert sich um den Kauf einer Wohnung, den Bau und die Einrichtung des Hauses und bereitet Vermögensentscheidungen vor. Damit trägt sie wesentlich zum Wohlstand der Familie bei: Denn der ist nicht nur davon abhängig, wieviel verdient wird, sondern auch davon, wie wenig ausgegeben wird.

Wie sieht es aber nun aus, wenn beide Ehepartner Vollzeit erwerbstätig sind und sich die Arbeit in einem Haushalt mit mehreren Kindern teilen? Selbst wenn die Kinder wie in Frankreich oder Schweden Ganztagseinrichtungen besuchen, bleibt viel Hausarbeit an den Eltern hängen: Einkaufen, Waschen, Putzen, Frühstück und Abendessen machen, Vorbereitungen für die Schule treffen, die Wochenenden und Ferien organisieren, Kleidung einkaufen, Geburtstage und Feste wie Weihnachten oder Ostern organisieren. Wenn sich die Eltern diese Arbeiten teilen und ihren haushaltsmäßigen und erzieherischen Pflichten in angemessener Weise nachkommen, können sie sich im Beruf nicht gleichzeitig mit voller Kraft einbringen. In diesem Fall stellt die Teilung der Hausarbeit ein Karrierehindernis dar. Das ist dann kein Problem, wenn die Männer und Frauen gar keinen beruflichen Aufstieg anstreben.

Aber für diejenigen, die sich im Beruf voll einbringen wollen oder müssen, weil sie, wie viele andere, Angst um den Verlust ihres Arbeitsplatzes haben, ist diese Arbeitsteilung nicht möglich. Daran scheitern heute auch nicht wenige Ehen. Viele der jüngeren Männer sind nicht unbedingt unwillig, sich an der Hausarbeit und Kindererziehung zu beteiligen, sie sind oft nur schlichtweg zu kaputt dazu. Und ehe sie sich abends noch aufraffen, die Waschmaschine vollzustopfen, verzichten sie lieber auf Kinder.

Nun zu denjenigen, die Karriere machen wollen. Zunächst einmal: Ob Mann oder Frau, wir brauchen diese Leute. Ohne Leistungsträger, die sich mit voller Kraft und vollem zeitlichen Einsatz ihrem Beruf widmen – ohne Überstunden, zeitlicher Flexibilität und auch Mobilität geht da nichts –, kommt unsere Wirtschaft nicht aus. Von diesen Leuten können wir nicht verlangen, daß sie auf Familie verzichten. Da bleibt nur das Hausmann-/Hausfraumodell. Und deshalb müssen wir es als eine Option familiären Lebens anerkennen und gleichwertig mit anderen Alternativen behandeln.

Widerstand gegen die Hausfrauenehe kommt hauptsächlich von Karrierefrauen, die entweder unverheiratet sind oder keine Kinder oder maximal ein Kind haben, und anprangern, daß sie mit ihren Steuern faule Hausfrauen subventionieren und mit Männern konkurrieren müssen, denen eine Hausfrau den Rücken freihält. Aber warum suchen sich diese Frauen keinen Hausmann? Wohl sind massenhaft erfolgreiche Männer anzutreffen, die sich eine meist durchaus hübsche und intelligente, aber nicht unbedingt erfolgreiche Frau nehmen. Aber wo sind denn die Karrierefrauen, die entsprechende Männer wählen? Bei der Starmoderatorin muß es wohl wenigstens der Vorstandsvorsitzende oder Eigentümer eines Unternehmens sein, und das Filmsternchen macht's auch nicht unter dem Inhaber einer Produktionsgesellschaft oder einem Schauspieler der gleichen Erfolgskategorie ... – Wollen die Frauen vielleicht Karriere machen wie die Männer, aber nicht die existentielle Verantwortung für die Familie übernehmen? Man kann im Leben nicht alles haben. An dieser Stelle müssen Frauen umdenken. Gleichstellung kann auch bedeuten, daß die Frauen im Beruf genauso Karriere machen können wie die Männer, daß sie dann aber auch die gleichen Pflichten in der Familie, nämlich die der Ernährerin, übernehmen. Das hat für die Frauen auch Vorteile: Sie können dann nämlich Karriere machen und müssen nicht – wie heute üblich – auf Kinder verzichten. Um die kann sich ja ihr Hausmann kümmern. Auch so kann Vereinbarkeit von Beruf und Familie aussehen.

Nun aber zum wichtigsten volkswirtschaftlichen Aspekt der Schaffung des Berufs „Hausmann/Hausfrau": Mit der Bezahlung der Erziehungs- und Pflegearbeit und der damit verbundenen Sozialversicherungspflicht werden Millionen von Arbeitsplätzen geschaffen, mit denen die Arbeitslosigkeit wirksam bekämpft werden kann.

Das Oswald-von-Nell-Breuning-Haus der Katholischen Erwachsenenbildung (KEB) e.V. im Kreis Saarlouis hat 2002 ein von ihr in Auftrag gegebenes Gutachten mit dem Titel „Vollbeschäftigung ist möglich!" vorgelegt. Dabei handelt es sich um eine Berechnung der volkswirtschaftlichen Auswirkungen eines zusätzlichen Erziehungseinkommens, die vom Zentrum für Angewandte Wirtschaftsforschung e.V. (ZAW), Bonn erstellt wurde. Die Herausgeber des Gutachtens wollten mit der Vorlage ihres Konzepts zwei Fliegen mit einer Klappe schlagen. Sie schreiben: „Der Abbau der Arbeitslosigkeit ist, so fordert es das Sozialwort der Kirchen ‚Für eine Zukunft in Solidarität und Gerechtigkeit', die ‚vordringliche Aufgabe der Wirtschafts- und Sozialpolitik' in den nächsten Jahren. Dieses Ziel ist erreichbar. Und es ist möglich, dieses Ziel zu verknüpfen mit der Lösung einer ebenso drängenden Aufgabe, nämlich einen gerechten Ausgleich der Leistungen in der Familie zu erwirken, das heißt, jene gesellschaftlich unverzichtbare Arbeit, die aufgewendet wird für Kinder, Kranke und Alte, und die nicht nur denen, die auf diese Fürsorge angewiesen sind, sondern der Gesellschaft als Ganzer zugute kommt, zu entlohnen."

Anspruchsberechtigte eines solchen Erziehungseinkommens sollten – laut diesem Gutachten – nur die privaten Haushalte sein, die mindestens ein Kind unter 15 Jahren zu erziehen haben. Private Haushalte, die anerkannte Pflegepersonen zu betreuen haben, werden herausgenommen. Es wurde ein monatliches Bruttoeinkommen von 3800 Mark (entspricht rund 1943 Euro) zugrunde gelegt und eine fast hundertprozentige Inanspruchnahme. Das Gutachten kam zu dem Ergebnis, daß die Einführung eines zusätzlichen Erziehungseinkommens das Bruttoinlandsprodukt erheblich ansteigen ließe; die Zahl der arbeitslosen Personen würde sich um mindestens die Hälfte vermindern; und die Schuldenstandsquote des Staatshaushalts könnte zurückgefahren werden.

Bei dem hier vorgeschlagenen Erziehungsgehalt und der Erhöhung des Pflegegeldes könnte es zu ähnlich positiven Wirkungen auf die Beschäftigung und mit Abstrichen auch auf das Wirtschaftswachstum kommen. Die in diesem Modell stärkere Orientierung der Bezahlung an der individuellen überprüfbaren Leistung des Hausmannes/der Hausfrau (durch die Berücksichtigung der unterschiedlichen Erziehungs- und Pflegestufen einerseits und die Bewertung der geleisteten Arbeit durch die Familienberater andererseits) hat jedoch zwei Vorteile: Erstens ist es leistungsgerechter, denn warum sollte der Erzieher eines zwölfjährigen Mädchens den gleichen Lohn erhalten wie die Mutter von drei kleinen Kindern, die auch noch die Oma pflegt? Zweitens kann mit dem Erziehungsgehalt die Mißhandlung und Vernachlässigung von Kindern verhindert und die Qualität ihrer Fürsorge und Erziehung entscheidend verbessert werden. Auf diese Weise könnten wir eines der kinderfreundlichsten Länder der Welt werden.

16 ES GEHT UM UNSERE FREIHEIT

Heutzutage ist es nicht außergewöhnlich, daß die Politik den Willen des Volkes ignoriert. Die Mehrheit der Deutschen ist mit den Kriegseinsätzen der Bundeswehr nicht einverstanden: Die Regierung schickt Soldaten in alle Regionen der Welt. Die meisten Deutschen wollen mehr soziale Gerechtigkeit: Die Regierung verteilt die Einkommen von unten nach oben um. Die deutschen Familien sind größtenteils mit dem Familienmodell „Vater arbeitet Vollzeit – Mutter Teilzeit" zufrieden: Die Regierung drängt auch die Mütter in die Vollzeiterwerbstätigkeit, die Kinder sollen möglichst früh wegorganisiert werden.

Das alles geschieht im Interesse der deutschen Wirtschaft. Kriege auf der ganzen Welt entstehen, weil die Industrieländer Waffen exportieren. Auch die deutsche Industrie verdient daran. Mit dem Drohmittel der Globalisierung werden Lohnkürzungen und Sozialabbau durchgesetzt. Profiteure sind die sich in dicken Gewinnen badenden Aktionäre und die gut verdienenden Vorstände deutscher Unternehmen.

Und jetzt soll die Vollerwerbstätigkeit der Frauen dafür sorgen, daß das Arbeitskräftepotenzial, auf das die deutsche Wirtschaft zurückgreifen kann, ausgeweitet wird. So können die Löhne der Männer weiterhin gedrückt werden: Frauen arbeiten ja gern für weniger Geld, Hauptsache, sie werden gelobt. Auch davon hat in erster Linie die deutsche Wirtschaft den Nutzen.

Nur steht jetzt für die Menschen in Deutschland das Wichtigste auf dem Spiel, was sie haben: ihre Familie, und vor allem das Wohl ihrer Kinder.

Es ist kein Wunder, daß unser Land an Kindermangel leidet. Die Familien wurden in Deutschland in den letzten Jahrzehnten systematisch kaputtgemacht: Von den Arbeitnehmern und Arbeitnehmerinnen wird Flexibilität und Mobilität erwartet, die Jobzeiten werden verlängert, die Arbeitsverhältnisse immer unsicherer.

Das Gehalt der jungen Männer reicht vielfach nicht aus, eine Familie zu ernähren. Selbst wenn die Frauen halbtags mitarbeiten, können sie sich meist nur ein Kind leisten.

Dabei wünschen sich viele Familien in Deutschland ein zweites Kind. Aber da die Mütter und Väter ihre Kinder überwiegend selbst betreuen wollen, kommt es für sie nicht in Frage, ganztags zu arbeiten. Deshalb wird die Strategie unserer aktuellen Familienministerin (und ihrer Vorgängerin), die Geburtenrate in Deutschland zu erhöhen, indem einseitig ein ganz bestimmtes Modell der Vereinbarkeit von Beruf und Familie gefördert wird, nicht aufgehen.

Der Gebärstreik wird sich fortsetzen. Wenn man ihn beenden will, hilft nur eines: Die Familien müssen finanziell in die Lage versetzt werden, mehr Kinder zu bekommen und sich, wenn gewünscht, selbst um sie zu kümmern. Daß Kinderreichtum zur Einkommensarmut führt, damit muß Schluß sein. Wir müssen die vielfältige finanzielle Ausbeutung der Familien beenden.

Das Aufziehen und Erziehen von Kindern ist eine gesellschaftlich notwendige Arbeit. Deshalb muß sie bezahlt werden. Und zwar nicht nur, wenn sie staatlicherseits organisiert wird, wie in Krippen, Ganztagskindergärten, Schulen und Horten, sondern auch dann, wenn sie privat von Vätern und Müttern geleistet wird. Die „Lufthoheit über den Kinderbetten", wie ein SPD-Politiker es einmal nannte, sollten immer noch die Eltern behalten. Und auch die Entscheidung, wie sie ihr eigenes Leben gestalten wollen.

Heute ist es leider auch unter jungen Leuten, die in der Geschichte doch so oft Motor des gesellschaftlichen Fortschritts waren, üblich geworden, sich vermeintlichen Sachzwängen, insbesondere den globalisierungsbedingten ökonomischen Zwängen, zu unterwerfen und ihre persönliche Lebensplanung daran anzupassen. Damit erlegt man sich aber von vornherein Beschränkungen der persönlichen Freiheit auf, die das eigene Lebensglück in Frage stellen können. Das sollten wir nicht zulassen.

In meiner Jugend haben wir überlegt, in welche Richtung wir die gesellschaftlichen Verhältnisse ändern müssen, damit wir so leben können, wie wir es wünschen. Reformen bedeuteten damals Fortschritt, der verbunden war mit der Eröffnung neuer Freiheitsspielräume für die eigene Daseinsgestaltung.

Das in diesem Buch vorgeschlagene Erziehungsgehalt würde solch einen Fortschritt ermöglichen. Für alle, die Familie wollen, würde es sich lohnen, dafür zu kämpfen. Damit wir und unsere Kinder mit uns glücklich werden können.

ANHANG 1

In den Grundsätzen der Erklärung der Rechte des Kindes der Vereinten Nationen aus dem Jahr 1959 ist das Kindeswohl meines Erachtens zutreffend beschrieben, von dem bei mir in Kapitel 5 und 6 die Rede ist.

Erklärung der Rechte des Kindes

Artikel 1: Das Kind genießt alle in dieser Erklärung aufgeführten Rechte. Alle Kinder ohne jede Ausnahme haben (...) Anspruch auf diese Rechte.

Artikel 2: Das Kind genießt besonderen Schutz und erhält kraft Gesetzes oder durch andere Mittel Chancen und Erleichterungen, so daß es sich körperlich, geistig, moralisch und gesellschaftlich gesund und normal in Freiheit und Würde entwickeln kann. Bei der Einführung von Gesetzen zu diesem Zweck sind die Interessen des Kindes ausschlaggebend.

Artikel 3: Das Kind hat von Geburt an Anspruch auf einen Namen und eine Staatsangehörigkeit.

Artikel 4: Das Kind genießt die Leistungen der sozialen Sicherheit. Es hat einen Anspruch darauf, gesund aufzuwachsen und sich zu entwickeln; zu diesem Zweck erhalten sowohl das Kind als auch seine Mutter besondere Fürsorge und besonderen Schutz einschließlich einer angemessenen Betreuung vor und nach der Geburt. Das Kind hat ein Recht auf angemessene Ernährung, Unterbringung, Erholung und ärztliche Betreuung.

Artikel 5: Das Kind, das körperlich, geistig oder sozial behindert ist, erhält die besondere Behandlung, Erziehung und Fürsorge, die seine besondere Lage erfordert.

Artikel 6: Das Kind braucht zur vollen harmonischen Entfaltung seiner Persönlichkeit Liebe und Verständnis. Es wächst, soweit irgend möglich, in der Obhut und unter der Verantwortung seiner

Eltern, auf jeden Fall aber in einem Klima der Zuneigung und der moralischen und materiellen Sicherheit auf; ein Kleinkind darf – außer in ungewöhnlichen Umständen – nicht von seiner Mutter getrennt werden. Die Gesellschaft und die öffentlichen Stellen haben die Pflicht, Kindern, die keine Familie haben, und Kindern ohne ausreichendem Lebensunterhalt, besondere Fürsorge zuzuwenden. Staatliche Geldleistungen und andere Unterhaltshilfen für Kinder aus kinderreichen Familien sind wünschenswert.

Artikel 7: Das Kind hat Recht auf unentgeltlichen Pflichtunterricht, zumindest in der Elementarstufe. Ihm wird eine Erziehung zuteil, die seine allgemeine Bildung fördert und es auf der Grundlage der Chancengleichheit in die Lage versetzt, seine Fähigkeiten, sein persönliches Urteilsvermögen, seinen Sinn für moralische und soziale Verantwortung zu entwickeln und ein nützliches Glied der Gesellschaft zu werden. Die Interessen des Kindes sind Richtschnur für alle, die für seine Erziehung und Anleitung verantwortlich sind; diese Verantwortung liegt in erster Linie bei den Eltern. Das Kind hat volle Gelegenheit zu Spiel und Erholung, die den gleichen Zielen dienen sollen; die Gesellschaft und die öffentlichen Stellen bemühen sich, die Durchsetzung dieses Rechts zu fördern.

Artikel 8: Das Kind gehört in jeder Lage zu denen, die zuerst Schutz und Hilfe erhalten.

Artikel 9: Das Kind wird vor allen Formen der Vernachlässigung, Grausamkeit und Ausbeutung geschützt. Es darf nicht Handelsgegenstand in irgendeiner Form sein. Das Kind wird vor Erreichung eines angemessenen Mindestalters nicht zur Arbeit zugelassen; in keinem fall wird es veranlaßt oder wird ihm erlaubt, einen Beruf oder eine Tätigkeit auszuüben, die seine Gesundheit oder Erziehung beeinträchtigen oder seine körperliche, geistige oder sittliche Entwicklung hemmen würde.

Artikel 10: Das Kind wird vor Praktiken geschützt, die eine rassische, religiöse oder andere Form der Diskriminierung fördern können. Es wird erzogen im Geist der Verständigung, der Toleranz, der Freundschaft zwischen den Völkern, des Friedens und der weltweiten Brüderlichkeit sowie im vollen Bewußtsein, daß es seine Kraft und seine Fähigkeiten in den Dienst an seinen Mitmenschen stellen soll.

Die schwedische Autorin Anna Wahlgren über Kinderbetreuung, Familie und Beruf und das schwedische Modell (Interview in der „Frankfurter Allgemeinen Zeitung", veröffentlicht am 17. Oktober 2006)

„Rettet wenigstens die ersten drei Jahre!"

In vielen Staaten Europas gilt das schwedische Modell als Vorbild: Kinder werden hier nach dem ersten Lebensjahr ganztags betreut. Sollten sich andere europäische Staaten an Schweden ein Beispiel nehmen?

Nein, auf keinen Fall. Schwedische Kinder sind in den vergangenen 20 Jahren nicht sehr glücklich gewesen. Sie verlieren ihr Zuhause und ihre Familien viel zu früh. Kleine Kinder lachen wenig, und sie spielen nicht so frei, phantasievoll und unbekümmert. Depressionen, Alkohol- und Drogenprobleme unter Jugendlichen nehmen zu. Ein großer Teil der Heranwachsenden sagt: „Wir haben absolut niemanden, mit dem wir sprechen können." Wir Schweden wetteifern den Vereinigten Staaten nach, eigentlich wollen wir den „American way of life": viel arbeiten, viel Geld verdienen, viel konsumieren. Gewalt unter Jugendlichen nimmt in beängstigender Weise zu – das Leben hier ist hart geworden.

In Schweden bekommt eine Frau im Durchschnitt 1,7 Kinder, in Deutschland 1,3. Ist Schweden ein kinderfreundliches Land?

Nein. In Schweden ist es nur leichter, sein Kind loszuwerden. Doch mittlerweile gibt es Kinderkrippen, in denen zwei Erzieherinnen für 20 Einjährige zuständig sind. Das muß man sich einmal vorstellen! Kinder können noch nicht selber essen, fast alle tragen Windeln. Das geht allein schon praktisch nicht, von der emotionalen Seite ganz zu schweigen. Sie sehen: Der schwedische Wohlfahrtsstaat taugt nicht als Modell, denn Kinder und Alte werden beiseite geschoben – und es geht ihnen schlecht dabei. Das ist meiner Meinung nach einer der wichtigen Gründe, warum wir uns für eine neue Regierung entschieden haben.

Was empfehlen Sie Eltern von kleinen Kindern?

Jedenfalls keine institutionelle Betreuung von unter Dreijährigen. Ich sage jungen Eltern: Rettet wenigsten die ersten drei Jahre! Einer sollte mit den Kindern zu Hause leben und wirtschaften, egal ob der Vater oder die Mutter. Ich habe keines meiner neun Kinder in eine Kinderkrippe gegeben, weil ich bei ihnen sein und von ihnen lernen wollte. Natürlich ist das Leben in Schweden sehr teuer, und viele Familien meinen, daß sie zwei Gehälter brauchen. Aber es ist auch möglich, in der Zeit, in der die Kinder klein sind, Prioritäten zugunsten der Kleinsten zu setzen und den Lebensstandard zu senken. Frisch verliebte Erwachsene können auf einigen Wohlstand verzichten und dennoch sehr glücklich sein. Warum sollten wir das nicht auch aus Respekt vor den Grundbedürfnissen der Kinder können?

Wie paßt diese Auffassung zu der feministischen Sicht, daß zur Emanzipation der Frau auch ein eigener Beruf gehört?

Das paßt gar nicht gut zusammen. Ich bin sicher emanzipiert, aber ich halte es für falsch, daß der Feminismus das von Männern geprägte Bild der Arbeitswelt übernommen hat. In dieser Arbeitswelt sind Kinder ein Hindernis und müssen aus dem Weg. Auch berufstätige Frauen sehen das so. Männer hatten niemals das Problem, Beruf und Familie miteinander vereinbaren zu müssen. Deshalb gibt es bisher keine anderen Lösungen dafür, als die Kinder beiseite zu schaffen. Doch wir müssen die Arbeitswelt ändern, nicht die Kinder aus ihr verbannen.

Wie soll das gehen? Es kann nicht jeder am Schreibtisch Artikel oder Bücher schreiben wie Sie.

Wir müssen die Arbeit in die Familien zurückholen. In der Landwirtschaft zum Beispiel störten Kindern nicht, sondern halfen mit. Jedes hatte seine kleinen Aufgaben im gemeinsamen Kampf ums Überleben, und das machte die Kinder stolz und glücklich. Kinder benötigen das Gefühl, gebraucht zu werden – und zwar nicht nur emotional, sondern in einem ganz praktischen Sinn. Natürlich können wir die Industrialisierung nicht zurückdrehen. Aber überall da, wo es uns nicht gelingt, die Arbeit in die Familien zurückzuholen, sollten wir die Kinder mit zur Arbeit nehmen können. In kleinen Läden, Restaurants oder als Selbständiger ist das leichter, aber auch in großen Firmen sollte es möglich sein. Einen Betriebskindergarten ganz in der Nähe der Eltern, in dem Vater oder Mutter regelmäßig nach dem Rechten sehen, sollte es in jeder größeren Firma geben.

Berufstätige Mütter sagen, nicht die Quantität der mit Kindern verbrachten Zeit sei entscheidend, sondern deren Qualität. Teilen Sie diese Ansicht?

Nein, absolut nicht. Stellen Sie sich vor, sie hätten sich in einen verheirateten Mann verliebt. Der hat immer wenig Zeit, weil er noch Zeit für die Arbeit und für seine Familie braucht. Ihr Wunsch, auch den Alltag mit ihm zu teilen, wird immer größer. Der Mann sagt: „Schatz, es kommt doch auf die Qualität an, nicht auf die Quantität. Ich habe jetzt dreißig Minuten Zeit und möchte mit dir schlafen." Wären Sie damit zufrieden? Kinder fühlen sich in dieser Hinsicht genauso wie Erwachsenen: Sie wollen den Alltag mit uns teilen, nicht nur besondere Augenblicke.

Die neue schwedische Regierung hat angekündigt, über das erste Lebensjahr hinaus Eltern zu unterstützen, die ihr Kind zu Hause betreuen.

Ich finde es richtig, Eltern die Wahl zu lassen, ob sie ihr Kind selbst betreuen oder in eine Krippe geben. Immer mehr junge Väter kümmern sich um ihre kleinen Kinder, und ich beobachte eine interessante Entwicklung: Früher schrieben junge Mütter Bücher darüber, wie schrecklich das Leben mit kleinen Kindern zu Hause sei und wie sehr ihnen die Arbeit fehle. Heute schreiben junge Väter das Gegenteil: Wie wunderbar sie die Zeit mit ihrem Nachwuchs finden. Sie sagen, daß sie gern mehr Zeit für ihre Kinder hätten. Vielleicht sind es nun die jungen Väter, die das in Angriff nehmen, was die arbeitenden Mütter nicht geschafft haben: die Arbeitswelt so zu verändern, daß sie kinderfreundlicher wird.

© *Alle Rechte vorbehalten. Frankfurter Allgemeine Zeitung GmbH, Frankfurt. Zur Verfügung gestellt vom Frankfurter Allgemeine Archiv.*

Literatur

Aanderud, Catharina: Schatz, wie war dein Tag auf dem Sofa? Hausfrau, die unterschätzte Familien-Managerin, München 2006

Badinter, Elisabeth: Die Mutterliebe. Geschichte eines Gefühls vom 17. Jahrhundert bis heute, Frankfurt am Main 1980

Baier, Dirk / Windzio, Michael: Gewalt unter Kindern im Kontext der Grundschule, Praxis der Rechtspsychologie 16 (2006), 1/2, S. 153–181

Bertram, Hans / Rösler, Wiebke / Ehlert Nancy: Nachhaltige Familienpolitik. Zukunftssicherung durch einen Dreiklang von Zeitpolitik, finanzieller Transferpolitik und Infrastrukturpolitik, Bundesministerium für Familie, Senioren, Frauen und Jugend, Berlin 2005

Beuster, Frank: Die Jungenkatastrophe. Das überforderte Geschlecht, Reinbek 2006

Biddulph, Steve: Jungen! Wie sie glücklich heranwachsen, München 1998

Biddulph, Steve: Männer auf der Suche. Sieben Schritte zur Befreiung, München 2003

Bierhoff, Hans-Werner / Rohmann, Elke: Was die Liebe stark macht. Die neue Psychologie der Paarbeziehung, Reinbek 2005

Bothfeld, Silke / Klammer, Ute / Klenner, Christina / Leiber, Simone / Thiel, Anke / Ziegler, Astrid: WSI-FrauenDatenReport 2005. Handbuch zur wirtschaftlichen und sozialen Situation von Frauen, Forschung aus der Hans-Böckler-Stiftung, Düsseldorf 2005

Bowlby, John: Geist und Psyche. Mütterliche Zuwendung und geistige Gesundheit, München 1973

Brisch, Karl Heinz / Hellbrügge, Theodor: Kinder ohne Bindung. Deprivation, Adoption und Psychotherapie, Stuttgart 2006

Clinton, Hillary Rodham: Eine Welt für Kinder, Hamburg 1996

Czwalina, Johannes / Walker Andreas M.: Karriere ohne Sinn? Der Manager zwischen Beruf, Macht und Familie, Gräfelfing 1998

DeGrandpre, Richard: Die Ritalin-Gesellschaft. ADS: Eine Generation wird krankgeschrieben, Weinheim/Basel 2002

Deutsches Kinderhilfswerk (Hg.): Kinderreport Deutschland. Daten, Fakten, Hintergründe, München 2002

Deutsches Kinderhilfswerk (Hg.): Kinderreport Deutschland 2004. Daten, Fakten, Hintergründe, München 2004

Elias, Norbert: Über den Prozeß der Zivilisation. Soziogenetische und psychogenetische Untersuchungen. Erster Band: Wandlungen des Verhaltens in den weltlichen Oberschichten des Abendlandes; Zweiter Band: Wandlungen der Gesellschaft. Entwurf zu einer Theorie der Zivilisation, Frankfurt am Main 1997

Ellison, Katherine: Mutter sein macht schlau. Kompetenz durch Kinder, München 2006

Franckh, Pierre: Glücksregeln für die Liebe, München 2006

Gaschke, Susanne: Die Emanzipationsfalle. Erfolgreich, einsam, kinderlos, München 2005

Gebauer, Karl / Hüther, Gerald: Kinder suchen Orientierung. Anregungen für eine sinnstiftende Erziehung, Düsseldorf/Zürich 2002

Gebauer, Karl / Hüther, Gerald: Kinder brauchen Spielräume. Perspektiven für eine kreative Erziehung, Düsseldorf/ Zürich 2003

Gebauer, Karl / Hüther, Gerald: Kinder brauchen Wurzeln. Neue Perspektiven für eine gelingende Entwicklung, Düsseldorf/Zürich 2003

Gebauer, Karl / Hüther, Gerald: Kinder brauchen Vertrauen. Erfolgreiches Lernen durch starke Beziehungen, Düsseldorf/Zürich 2004

Gerster, Petra / Nürnberger, Christian: Stark für das Leben. Wege aus dem Erziehungsnotstand, Reinbek 2004

Henry-Huthmacher, Christine / Hoffmann, Elisabeth: Familienreport 2005. Teil 1: Situation von Familien in Deutschland; Teil 2: Familienpolitische Best-Practice-Modelle im Vergleich ausgewählter Bundesländer, Konrad-Adenauer-Stiftung, Sankt Augustin 2006

Hochschild, Arlie / Machung, Anne: Der 48-Stunden-Tag. Wege aus dem Dilemma berufstätiger Eltern, München 1993

Hurrelmann, Klaus: Schwindende Kindheit – Expandierende Jugendzeit. Neue Herausforderungen für die biographische Gestaltung des Lebenslaufs, Vortrag bei der Dr. Margit Egner Stiftung in Zürich, 29. Oktober 2003

ifo Institut für Wirtschaftsforschung an der Universität München: Die fiskalische Bilanz eines Kindes im deutschen Steuer- und Sozialsystem, Studie im Auftrag der Robert Bosch Stiftung, München 2005

ifo Institut für Wirtschaftsforschung an der Universität München: Auswirkungen familienpolitischer Instrumente auf die Fertilität: Internationaler Vergleich für ausgewählte Länder. Studie im Auftrag der Robert Bosch Stiftung, München 2005

Institut für Arbeitsmarkt- und Berufsforschung: Erwerbstätigkeit, Arbeitszeit und Arbeitsvolumen nach Geschlecht und Altersgruppen, IAB Forschungsbericht Nr. 2/2006, Nürnberg 2006

Institut für Arbeitsmarkt- und Berufsforschung: Nur zögerliche Besserung am deutschen Arbeitsmarkt, IAB Kurzbericht, Ausgabe Nr. 12, 27. Juli 2005

Institut für Demoskopie Allensbach: Einflußfaktoren auf die Geburtenrate. Ergebnisse einer Repräsentativbefragung zu Kinderwünschen und den Gründen für eine Entscheidung gegen (weitere) Kinder, Allensbach 2004

Institut für Demoskopie Allensbach: „Ein Herz für Kinder" – Studie. Kinder in Deutschland, Ergebnisse einer Repräsentativbefragung, im Auftrag von Bild, Allensbach 2005

Institut für Weltwirtschaft (Hg.): Finanzpolitische Maßnahmen zugunsten von Familien. Bestandsaufnahme für Deutschland von Astrid Rosenschon, Kieler Arbeitspapier Nr. 1273, Kiel 2006

Juul, Jesper: Was Familien trägt. Werte in Erziehung und Partnerschaft. Ein Orientierungsbuch, München 2006

Jünemann, Elisabeth / Ludwig, Hans: Vollbeschäftigung ist möglich! Makroökonomische Simulation der Wirkungen eines zusätzlichen Erziehungseinkommens, Gutachten erstellt im Auftrag des Oswald-von-Nell-Breuning-Hauses der Katholischen Erwachsenenbildung (KEB) e.V. im Kreis Saarlouis, Merzig 2002

Kinderreport, Deutschland, München 2002

Kinderreport Deutschland 2004, München 2004

Kirchhof, Paul: Das Gesetz der Hydra, München 2006

Kriminologisches Forschungsinstitut Niedersachsen e.v.: Gewalterfahrungen und Medienkonsum im Leben von Kinder und Jugendlichen, Hannover 2006

Kriminologisches Forschungsinstitut Niedersachsen e.v.: Medienkonsum, Schulleistungen und Jugendgewalt, Hannover 2006

LBS-Kinderbarometer NRW: Stimmungen, Meinungen, Trends von Kindern in Nordrhein-Westfalen. Ergebnisse der Erhebung im Schuljahr 2003/2004 (Institutsbericht zum siebten Erhebungsjahr). Ministerium für Schule, Jugend und Kinder des Landes NRW, Münster 2005

Liedloff, Jean: Auf der Suche nach dem verlorenen Glück. Gegen die Zerstörung unserer Glücksfähigkeit in der frühen Kindheit, München 1998

McCourt, Frank: Die Asche meiner Mutter. Irische Erinnerungen, München 1998

McKinsey & Company: Teilen und Gewinnen. Das Potential der flexiblen Arbeitszeitverkürzung. Eine Initiative von McKinsey & Company zur Steigerung von Produktivität und Beschäftigung, München 1994

Meves, Christa: Erziehen lernen. Was Eltern und Erzieher wissen sollten, Gräfelfing 2000

Notz, Gisela: Du bist als Frau um einiges mehr gebunden als der Mann, Bonn 1991

OECD (Hg.): Die Politik der frühkindlichen Betreuung. Bildung und Erziehung in der Bundesrepublik Deutschland. Ein Länderbericht der Organisation für wirtschaftliche Zusammenarbeit und Entwicklung, 26. November 2004

Perspektive-Deutschland. Projektbericht Perspektive-Deutschland 2005/2006. Die größte gesellschaftspolitische Online-Umfrage. McKinsey & Company, Düsseldorf 2006

Pohl, Britta: Mehr Kinder. Mehr Leben. Ergebnisse der Forsa-Befragung, Oktober 2004

Postman, Neil: Das Verschwinden der Kindheit, Frankfurt am Main 2003

Roeder, Helgard: Mit einem Kind habe ich nicht gerechnet. Männer und Schwangerschaft, München 1994

Sachverständigenkommission (Hg.): Siebter Familienbericht. Familie zwischen Flexibilität und Verläßlichkeit. Perspektiven für eine lebenslanglaufbezogene Familienpolitik. Bundesministerium für Familie, Senioren, Frauen und Jugend, Berlin 2005

Statistisches Bundesamt: Wo bleibt die Zeit? Die Zeitverwendung der Bevölkerung in Deutschland 2001/2002. Bundesministerium für Familie, Senioren, Frauen und Jugend, Berlin 2003

Statistisches Bundesamt: Kindertagesbetreuung in Deutschland. Einrichtungen, Plätze, Personal und Kosten 1990 bis 2002, Wiesbaden März 2004

Statistisches Bundesamt: Bericht: Pflegestatistik 2003. Pflege im Rahmen der Pflegeversicherung. Deutschlandergebnisse, Bonn 2005

Statistisches Bundesamt: Im Blickpunkt: Frauen in Deutschland 2006, Wiesbaden 2006

Wahlgren, Anna: Kleine Kinder brauchen uns, Weinheim/Basel 2006